Índice

Costa Rica	6
República Dominicana	10
Perú	14
España	18
México	22
Uruguay	26
Colombia	30
Argentina	34
Chile	38
Venezuela	42
Cuba	46
Ecuador	50
Bolivia	54
Panamá	58
Honduras	62
Actividades finales para la clase	68

Comienza la aventura…

¡Hola! ¡Bienvenid@ a esta aventura!

¿Sabes qué es un intercambio de estudiantes? Es un programa que permite a los estudiantes viajar a otro país para aprender su lengua y su cultura.

En este libro puedes encontrar 15 selfis escritos por estudiantes de diferentes países. Todos estudian español y están de intercambio en un país de habla hispana para aprender su lengua y su cultura. Los selfis de este libro forman parte del famoso concurso #mi_selfi3.0 y el primer premio es quedarse un mes más de intercambio.

Los participantes en el concurso envían un correo electrónico de presentación del país de habla hispana en el que están un selfi y varias fotografías. También marcan en un mapa dónde está el país. Pero…, ¡hay un problema! Por culpa de un virus informático, las fotos están mezcladas y ya no se ve la marca del país en el mapa.

Eres parte del jurado que decide quién gana el primer premio del concurso ¡Enhorabuena! Para poder decidir, primero tienes que:

❶ Corregir el mal causado por el virus:
- Leer la presentación de cada estudiante y elegir las fotos a las que se corresponde su descripción. Debes elegir una foto de selfi y tres fotos que tienen relación con el texto.
- Descubrir de dónde procede y dónde está de intercambio cada participante y marcar el lugar en el mapa. Aquí tienes un ejemplo:

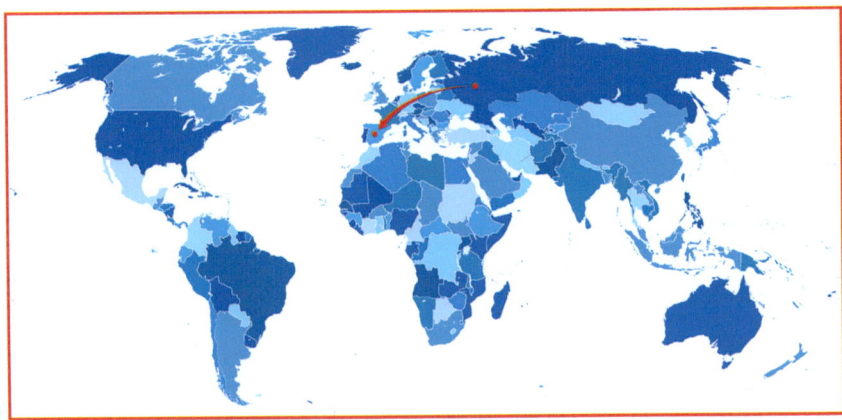

Soy de Moscú (Rusia) y estoy de intercambio en España.

❷ Con las fotos ordenadas y los mapas personalizados, ya puede comenzar el trabajo del jurado. Entre toda la clase tenéis que decidir quién gana el primer premio.

❸ Después de elegir al ganador, completa las divertidas actividades que hay al final del libro y crea tu propio selfi. Lo puedes colgar en el blog de tu clase. 😊

¡Buen trabajo y buena diversión!

Lecturas fáciles en español

#mi_selfi 3.0

Cristina Herrero Fernández | Eija Horváth Faller

en CLAVE ELE

© **Equipo editorial:** enClave-ELE

Autores: Cristina Herrero Fernández, Eija Horváth Faller

Edición: Paula Queraltó

Diseño y puesta en página: Diseño y Control Gráfico, S. L.

Cubierta: Diseño y Control Gráfico, S. L.

Fotografías: © Shutterstock; © enClave-ELE; *pág. 10* Daniel-Alvarez/Shutterstock.com; *págs. 18 a 21* SandiMako/Shutterstock; *pág. 20* praszkiewicz/Shutterstock.com; *pág. 33* javarman/Shutterstock.com; max blain/Shutterstock.com; https://lasaventurasderuvik.files.wordpress.com/2014/06/img_2165.jpg; *pág. 34* Kobby Dagan/Shutterstock.com.

© enClave-ELE, 2016

ISBN: 978-84-16108-66-4
Depósito legal: M-12653-2016

Impreso en España

Cualquier forma de reproducción, distribución, comunicación pública o transformación de esta obra solo puede ser realizada con la autorización de sus titulares, salvo excepción prevista por la ley. Diríjase a CEDRO (Centro Español de Derechos Reprográficos, www.cedro.org) si necesita fotocopiar o escanear algún fragmento de esta obra.

nuestros selfis

Costa Rica

¿Cuál es el selfi de Chantale?

¿Qué tres fotos corresponden con su descripción?

Costa Rica

Mensaje nuevo

Queridos amigos:

Me llamo Chantale Smith. Soy una chica de Estados Unidos. Mi madre es de Haití y mi padre es estadounidense. Tengo quince años y estudio en un instituto de Oklahoma. Hablo francés, inglés y un poco de español. Me gusta mucho la música *reggae*. Mi cantante favorito es Bob Marley.

Ahora estoy de intercambio en Costa Rica. En Costa Rica estudiamos Lengua Española, Literatura y Ciencias de la Naturaleza. En esta asignatura, estudiamos los animales y las plantas de América Central. Cuando terminan las clases en el colegio, tenemos clases de surf dos días a la semana: los martes y los jueves.

Me gusta mucho Costa Rica, porque me encanta la naturaleza. También me gusta mucho ir a la playa y hacer surf.

En el selfi estoy con cuatro amigos: Evelyn, Nathan, Daniel y David. Estamos en un parque de Costa Rica donde hay un volcán que se llama el Volcán Arenal. Vota mi selfi como el mejor #mi_selfi3.0.

Un saludo,

Chantale

¿De dónde es Chantale? ¿Dónde está de intercambio? Márcalo en el mapa.

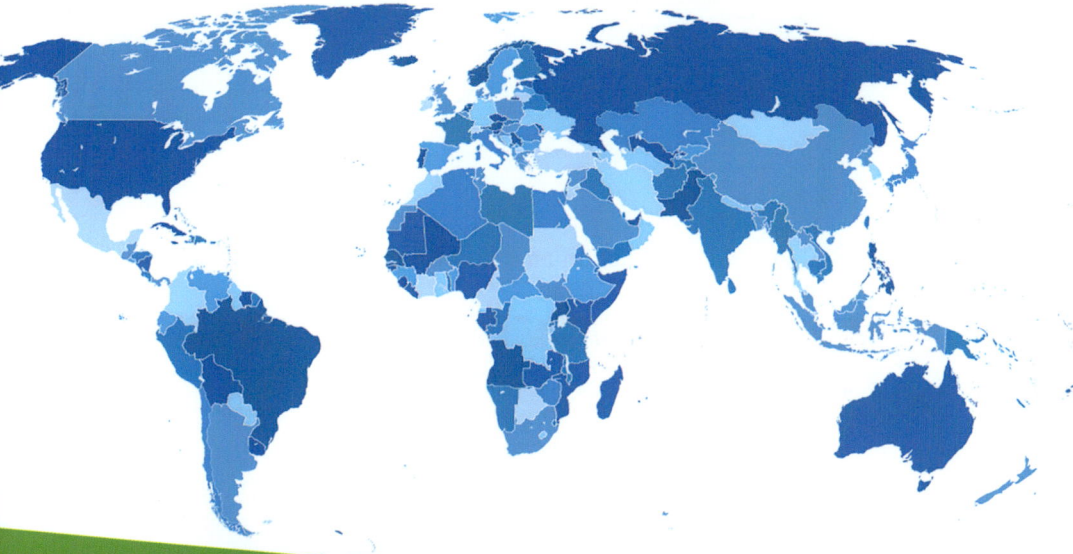

Costa Rica

Actividades

1. **Vuelve a leer el texto y contesta a las preguntas.**
   a) ¿De dónde es el padre de Chantale?
   b) ¿Cuántos idiomas habla Chantale?
   c) ¿Qué días de la semana tiene clase de surf?

2. **Encuentra en la sopa de letras el nombre de cinco asignaturas que Chantale no tiene en Costa Rica.**

Q	E	E	Ñ	A	Y	W	W	P	U	J	D	M
M	A	T	E	M	A	T	I	C	A	S	D	A
L	T	I	N	G	L	E	S	Ñ	J	R	H	I
G	D	F	X	H	M	U	Q	Z	T	C	T	F
P	H	Z	I	W	M	U	Ñ	E	Ñ	H	Ñ	A
R	I	C	C	G	U	L	C	A	T	P	H	R
W	S	R	P	C	S	N	I	B	H	T	I	G
D	T	Y	K	U	I	R	E	Ñ	S	C	X	O
X	O	R	S	L	C	E	G	B	V	V	N	E
T	R	I	O	T	A	C	A	M	T	M	H	G
H	I	G	S	O	Y	M	E	O	S	M	I	Q
A	A	I	Z	P	L	A	S	T	I	C	A	Y
A	H	C	Y	S	W	H	Ñ	Ñ	Q	J	K	A

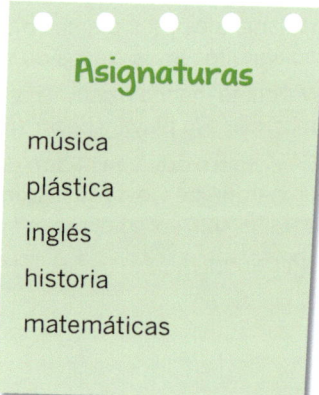

Asignaturas

música

plástica

inglés

historia

matemáticas

3. **Busca en Internet información sobre Costa Rica y marca V (verdadero) o F (falso).**

	V	F
a) Los habitantes de Costa Rica se llaman costarricenses o ticos.	☐	☐
b) Costa Rica es el único país latinoamericano que no tiene ejército.	☐	☐
c) La capital de Costa Rica es Bogotá.	☐	☐
d) La danza típica de Costa Rica se llama el punto guanacasteco.	☐	☐

4. **Completa el horario de Chantale en Costa Rica con los nombres de los días de la semana.**

	Martes						
Lengua Española	Lengua Española	Lengua Española	Lengua Española	Lengua Española	Libre	Libre
Literatura	Surf	Ciencias de la Naturaleza	Surf	Libre	Libre	Libre

Costa Rica

Actividades

5. Lee este anuncio de turismo de Costa Rica y encuentra...

a) el nombre de dos animales.
b) el nombre de dos deportes.
c) el nombre de dos océanos.

6. Relaciona las palabras con las fotos.

1. Surf
2. Volcán
3. Bandera
4. Amigos
5. Animal
6. Plantas
7. Playa

República Dominicana

¿Cuál es el selfi de Kamila?

¿Qué tres fotos corresponden con su descripción?

República Dominicana

Mensaje nuevo

Hola, amigos:

Me llamo Kamila, soy de Cracovia (Polonia) y tengo once años. En mi familia somos cinco: mi papá, mi mamá, mi hermana Wera y mi hámster Spock. Lo que más me gusta hacer en mi tiempo libre es jugar con Spock. Es blanco, muy suave y tiene los ojos negros.

Mi tía vive en República Dominicana. Trabaja en un hotel que hay en un lugar que se llama Punta Cana. Es un sitio muy bonito, con unas playas preciosas. Wera y yo estamos ahora en Punta Cana con nuestra tía. Estudiamos español por la mañana y por la tarde vamos a la playa.

Me encanta República Dominicana. Me gustan mucho las playas y los animales que hay aquí. Por ejemplo, en nuestro jardín vemos todos los días a dos loros rojos y azules.

Envío una foto de la casa de mi tía. Es azul y amarilla. Es muy bonita.

¿Te gusta mi selfi? Vótalo como el mejor #mi_selfi3.0.

Besos,

Kamila

¿De dónde es Kamila? ¿Dónde está de intercambio? Márcalo en el mapa.

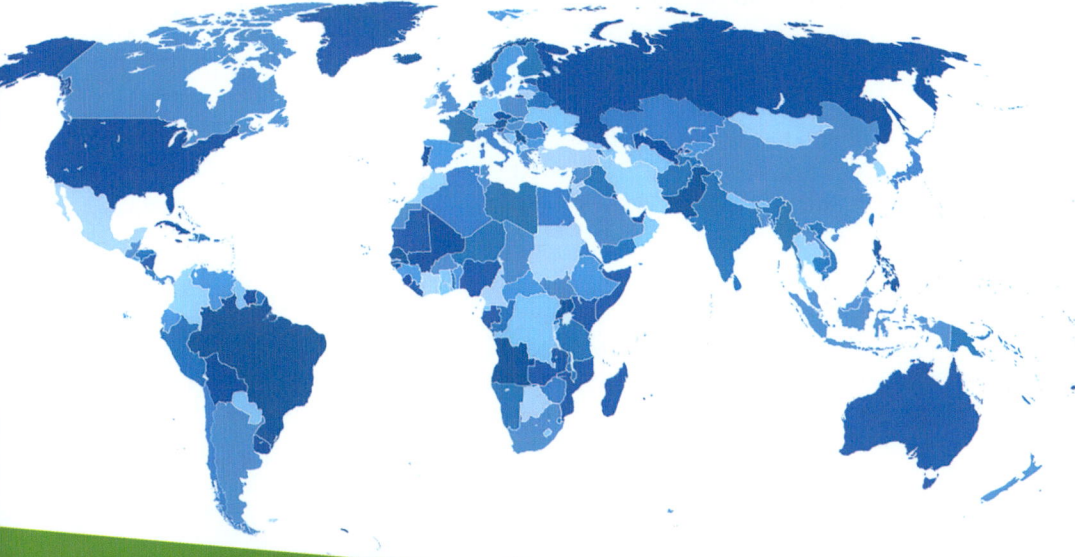

República Dominicana

Actividades

1. **Vuelve a leer el texto y contesta a las preguntas.**
   a) ¿Cuántos hermanos tiene Kamila?
   b) ¿Hay playas en Punta Cana? ¿Cómo son?
   c) ¿Quién es Spock?

2. **Hoy la tarea de Kamila para la clase de español es escribir un cuento fantástico. Completa el cuento con estas palabras.**

   rojo   loros   arcoíris   lápices   verdes   jardín

   ### La extraña historia de Kamila y los loros del jardín de su tía.

   Kamila está en el jardín de su tía y escucha su nombre "Kamila, Kamila". "¿Quién me llama?", piensa Kamila. "Somos nosotros, los hermanos Lori y Pepi", oye desde arriba. Kamila mira hacia arriba y ve dos _____ posados en la rama de un árbol. "Pero… ¿vosotros sabéis hablar?", pregunta Kamila. "Solo los domingos de 12:37 a 12:44", responden Lori y Pepi. "¡Qué raro!" piensa Kamila y mira el reloj: son las 12:38. "¿Puedo ayudaros?", pregunta Kamila. "Sí, Kamila", responde Lori. "Sabemos que dentro de poco vuelves a Cracovia y no nos vas a poder ver en el _____. ¡Dibújanos para recordarnos!". Kamila observa a los loros y piensa que todo es muy raro. Al final dice: "De acuerdo, traigo mis _____ de colores" y se pone a dibujar a los loros. "¿Por qué usas solo el verde y el _____?", pregunta Pepi. "Porque sois _____ y rojos", responde Kamila y les pone un espejo delante. "¡Es verdad!", dice Lori muy triste, "pero yo no quiero tener solo dos colores, yo quiero ser como el _____". "¡Yo también!", dice Pepi. "Bueno, pues os dibujo de todos los colores, así en Cracovia os recuerdo como vosotros queréis". "¡Bien, bien!", dicen Lori y Pepi.

- ¿Te gusta el cuento de Kamila? ¿Qué nota crees que le pone la profesora de español (del 1 al 10)? ¿Y tú qué calificación le pones?

   Kamila, para sacar más nota, decide acompañar el cuento con el dibujo multicolor de Lori y Pepi, pero no tiene sus lápices, así que escribe el nombre de los colores. ¿Puedes colorear según sus instrucciones?

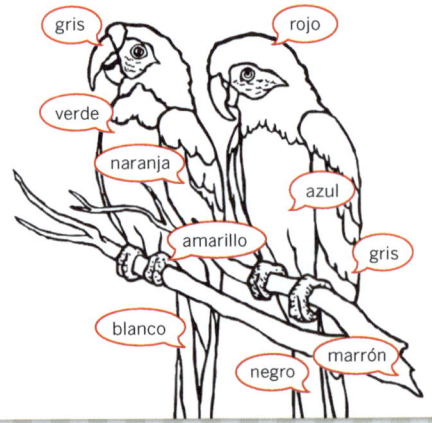

República Dominicana

Actividades

3. Uno de los siguientes animales solo vive en la isla de la República Dominicana. ¿Sabes cuál es? ¿Es grande o pequeño? ¿Qué come? Busca información en Internet.

Solenodonte · Mono · Elefante · Cocodrilo · Iguana

4. Busca en Internet y une cada texto con el lugar de República Dominicana que describe.

a) Santo Domingo	1. "Conocida por sus espectaculares playas, hoteles de lujo y campos de golf".
b) Jarabacoa	2. "La ciudad más grande, más animada y cosmopolita de República Dominicana".
c) Punta Cana	3. "Salvaje y verde: cascadas, montañas y vistas impresionantes".

- ¿Cuál de estos lugares te interesa más?
- ¿Cuál de estos lugares es una ciudad?
- ¿Dónde hay campos de golf?

Perú

¿Cuál es el selfi de Patrick?

¿Qué tres fotos corresponden con su descripción?

Perú

¡Hola, amig@s!

Este es mi selfi con mis compañeros de la clase de español: Emma, Sophie, Sarah y Sean. Yo me llamo Patrick y soy el chico rubio en el selfi.

Somos de Irlanda, pero estamos de intercambio en Perú. En Perú, vivimos en Cuzco, que está cerca de Machu Picchu. Me gusta mucho la asignatura de Historia y en Machu Picchu puedo ver la historia de los incas. También me gusta ir a Machu Picchu porque allí hay unos animales muy simpáticos, las llamas y las alpacas andinas.

Por la mañana, tengo clase de español en un colegio y por la tarde, después de clase, me gusta ir con mis amigos a comprar artesanía peruana en los mercados locales.

En Cuzco, vivo con una familia peruana. El papá se llama Alejandro y la mamá se llama Ana María. Tienen cuatro hijos: Dany Yaku, Amaru, Inti Alejandro y Anthony Pachacútec. Son muy pequeños, pero muy simpáticos.

Me encanta Perú. Vota mi selfi como el mejor #mi_selfi3.0.

Gracias,

Patrick

¿De dónde es Patrick? ¿Dónde está de intercambio? Márcalo en el mapa.

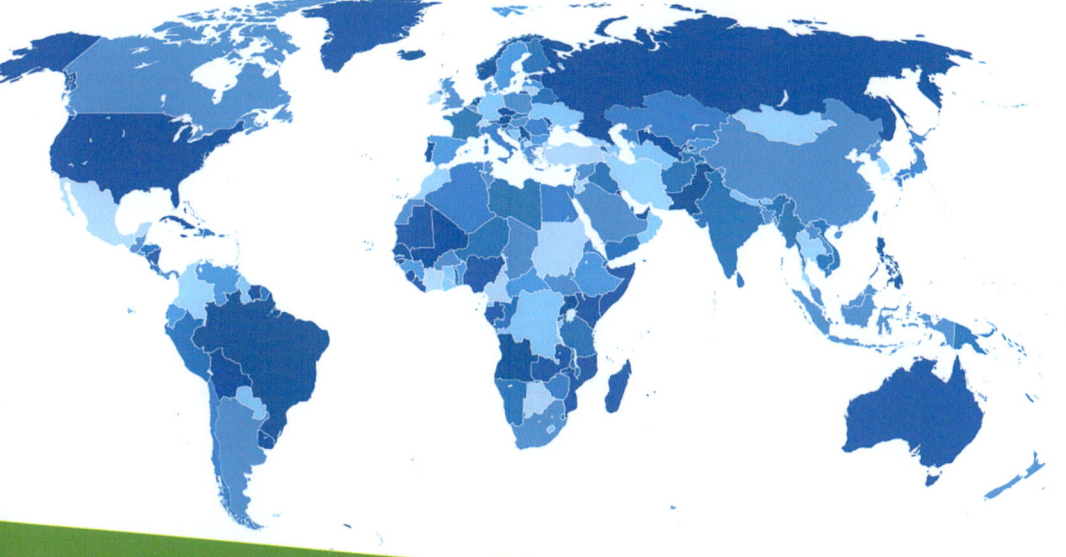

Perú

Actividades

1. **Vuelve a leer el texto y contesta a las preguntas.**
   a) ¿Qué le gusta a Patrick de Perú?
   b) ¿Qué es una alpaca?
   c) ¿Cómo se llaman los hijos de la familia peruana de Patrick? ¿Son nombres españoles?

2. **Patrick nos cuenta más cosas sobre los hijos de su familia peruana. Completa las frases con las formas correctas de los verbos y adivina el nombre de un animal muy simpático, parecido a la llama y a la alpaca.**

   tener   tener   tener   tener   vivir   vivir   ser   ser   ser   llamarse   poder

   Mi familia peruana es muy simpática. En Irlanda, estoy solo en casa, porque no _____ hermanos, pero aquí _____ pasar la tarde con mis hermanos peruanos. Ellos son más pequeños que yo. Dany Yaku _____ siete años. Amaru e Inti Alejandro _____ seis años, ___ hermanos gemelos. Anthony Pachacútec __ el más pequeño. Solo _____ cuatro años. La mascota de la familia __ _____ Angie. __ una llama muy simpática. Angie ____ sola en casa, pero cerca _____ otros animales parecidos a ella. Tupac, por ejemplo, es una alpaca que vive al lado, y Benito también vive cerca. Pero Benito no es ni alpaca, ni llama, Benito es una:

   _ _ C U Ñ _ _ _ R _ _ _ A
   1 2   3   4 5   6 7 8

Angie   Tupac   Benito

Perú

Actividades

3. Mira estas fotos. ¿Cuál de estos sitios no está en Perú? Busca en Internet.

A Machu Picchu
B Salar de Maras 
C Huacachina 
D Isla de Pascua 
E Lago Titicaca 
F Paracas 

4. Busca información sobre Perú y marca V (verdadero) o F (falso).
a) En Perú hay 3000 especies diferentes de patata.
b) La música más típica de Perú es la salsa.
c) Mario Vargas Llosa es un famoso escritor peruano.
d) El plato más típico de Perú es el cebiche[1].
e) Hay muchas obras de Gustave Eiffel en Perú.
f) En Perú hay mar, desierto, selva y montaña.

[3] **Cebiche (o ceviche):** plato preparado con pescado crudo cortado en trozos pequeños, tomates, cebollas y zumo de limón.

España

¿Cuál es el selfi de Guus?

¿Qué tres fotos corresponden con su descripción?

España

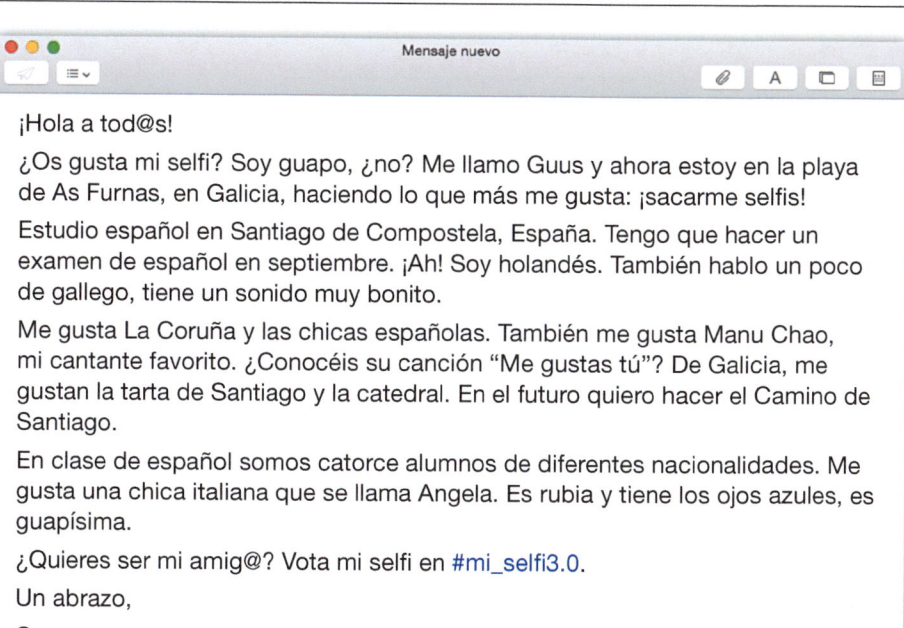

¡Hola a tod@s!

¿Os gusta mi selfi? Soy guapo, ¿no? Me llamo Guus y ahora estoy en la playa de As Furnas, en Galicia, haciendo lo que más me gusta: ¡sacarme selfis!

Estudio español en Santiago de Compostela, España. Tengo que hacer un examen de español en septiembre. ¡Ah! Soy holandés. También hablo un poco de gallego, tiene un sonido muy bonito.

Me gusta La Coruña y las chicas españolas. También me gusta Manu Chao, mi cantante favorito. ¿Conocéis su canción "Me gustas tú"? De Galicia, me gustan la tarta de Santiago y la catedral. En el futuro quiero hacer el Camino de Santiago.

En clase de español somos catorce alumnos de diferentes nacionalidades. Me gusta una chica italiana que se llama Angela. Es rubia y tiene los ojos azules, es guapísima.

¿Quieres ser mi amig@? Vota mi selfi en #mi_selfi3.0.

Un abrazo,

Guus

¿De dónde es Guus? ¿Dónde está de intercambio? Márcalo en el mapa.

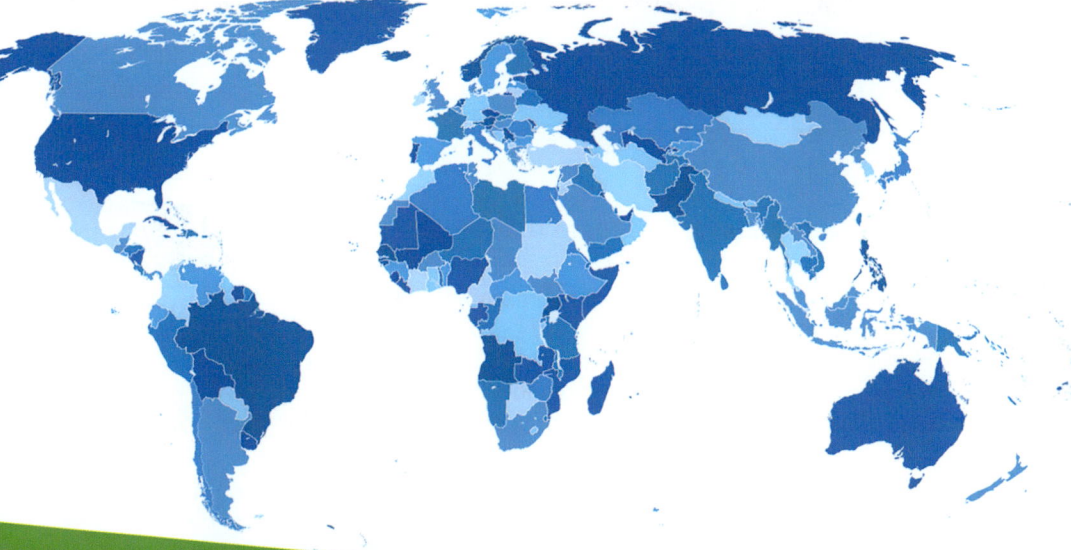

España

Actividades

1. **Vuelve a leer el texto y contesta a las preguntas.**
   a) ¿Qué dos lenguas de España conoce Guus?
   b) ¿A qué se dedica Manu Chao?
   c) ¿De qué color son los ojos de Angela?

2. **A Guus le gusta Angela, le parece muy guapa. Piensa que es su chica ideal. ¿Cómo es tu chico o chica ideal? Subraya las características que más te gustan en un chico o chica y si la característica no aparece en el texto, la puedes añadir tú en la tabla de abajo.** :)

> Mi chico o chica ideal es alto(a) / bajo(a) / de estatura media / gordo(a) / delgado(a). Sus ojos son azules / marrones / negros / verdes / grises, y tiene el pelo negro / moreno / rubio / pelirrojo / largo / corto / rizado / liso. Me gusta más si lleva gafas / barba / bigote / pendientes / un aro en la nariz / una coleta / y si tiene más / menos / los mismos años que yo.
>
> En cuanto a su carácter, es amable / simpático(a) / decidido(a) / bueno(a) y no es nada egoísta / antipático(a) / ignorante y nunca está nervioso(a) / cansado(a) / aburrido(a). ¡Ah!, y también es muy importante para mí el sentido del humor / las ganas de disfrutar la vida. ¡Así es mi chico(a) ideal!

Mi chico(a) ideal...	
es	
tiene	
lleva	
está	

3. **¿Conoces al cantante favorito de Guus?**

   Manu Chao es un cantautor francés de padres españoles. Canta en muchos idiomas, entre ellos el gallego. Comienza a cantar como músico callejero[1] y después funda varios grupos. Una de las canciones más conocidas de Manu Chao es "Me gustas tú".

---
[1] **Músico callejero:** músico que canta en la calle.

España

Actividades

4. Escucha en Internet la canción "Me gustas tú" y marca qué cosas le gustan a Manu Chao.

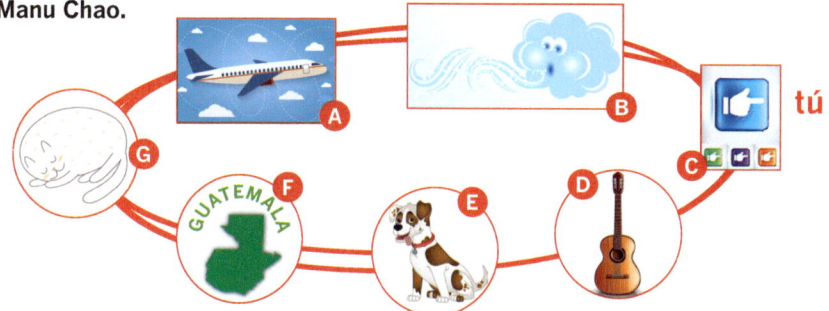

5. Guus dice que quiere hacer el Camino de Santiago. ¿Qué sabes del Camino de Santiago? Busca en Internet y marca V (verdadero) o F (falso):

	V	F
a) La peregrinación[1] a Santiago de Compostela comienza en el siglo XIX, cuando se descubre la tumba del Apóstol Santiago.	☐	☐
b) En la Edad Media muchos europeos hacen la peregrinación a Santiago de Compostela.	☐	☐
c) El Camino de Santiago termina en Andalucía.	☐	☐
d) El símbolo del Camino de Santiago es "el pulpo del peregrino".	☐	☐
e) El Camino de Santiago pasa por el norte de España.	☐	☐
f) A lo largo del Camino de Santiago hay iglesias de estilo gótico y románico.	☐	☐

6. Corrige las frases falsas.

[1] **Peregrinación:** viaje a un lugar sagrado por motivos religiosos.

¿Cuál es el selfi de Mei Ling?

¿Qué tres fotos corresponden con su descripción?

México

Estimados compañeros:

En este selfi estamos mi amigo Chan y yo, Mei Ling, con nuestros compañeros de clase. Nosotros somos de Pekín, China. En Pekín estudiamos español en el Instituto Cervantes y en el colegio. Ahora estamos de intercambio en Ciudad de México.

Aquí estudiamos español todos los días de lunes a viernes desde las nueve de la mañana hasta las dos de la tarde. Este selfi es en la clase de español, en el centro de Ciudad de México, cerca del Zócalo.

Después de clase vamos todos los días a comer tacos en la calle. Nos encanta la comida mexicana y queremos aprender a cocinar tacos y enchiladas.

Por la noche, especialmente los fines de semana, vamos a conciertos de música mariachi y a clases de baile tradicional de México. Me encantan los mariachis. Cuando tenemos vacaciones, vamos a visitar monumentos, como las pirámides de los mayas y los aztecas.

Por favor, vota nuestro selfi como el mejor #mi_selfi3.0.

¡Gracias!

Mei Ling

¿De dónde es Mei Ling? ¿Dónde está de intercambio? Márcalo en el mapa.

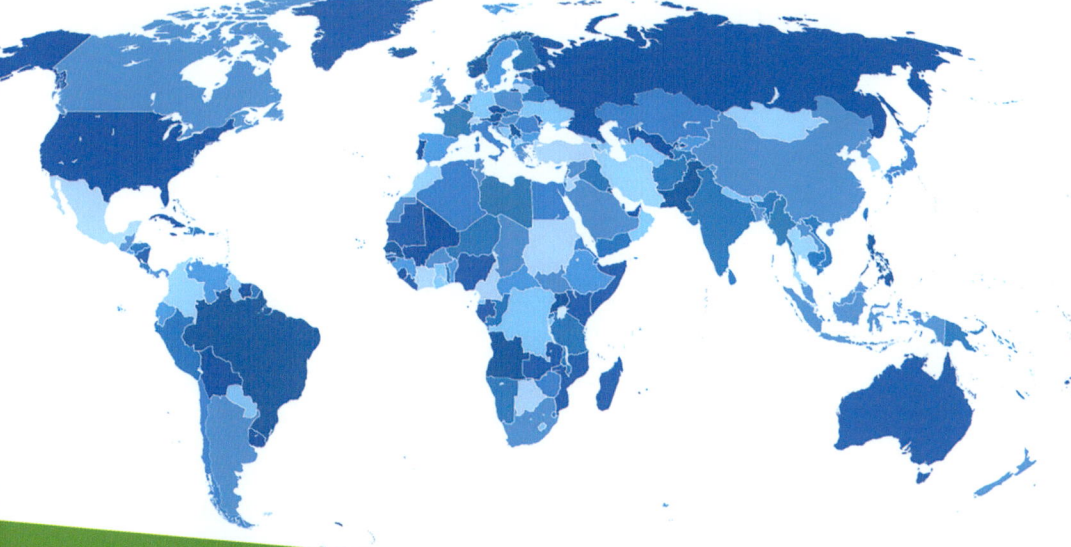

México

Actividades

1. **Vuelve a leer el texto y contesta a las preguntas.**
   a) ¿Cuántas horas de clase de español tiene Mei Ling cada día?
   b) ¿Dónde está la escuela de español de Mei Ling?
   c) ¿Qué cosas le gustan mucho a Mei Ling?

2. **Lee el mensaje de Mei Ling y completa las frases.**
   a) Por las mañanas, Mei Ling _____.
   b) Después de clase, Mei Ling _____.
   c) Los fines de semana, Mei Ling _____.
   d) Cuando tiene vacaciones, Mei Ling _____.

3. **¿Y tú? ¿Qué haces los lunes a estas horas? Escribe frases como en el ejemplo.**

a) A las once y veinte de la mañana, estoy en clase de matemáticas.

b) A las _____.

c) A las _____.

d) A las _____.

e) A las _____.

f) A las _____.

México

Actividades

4. **Completa las frases con los siguientes verbos.**

hay   es   son   van

a) Las enchiladas _____ mexicanas.
b) Gael García Bernal _____ un actor mexicano muy famoso en todo el mundo.
c) El Día de Muertos, los mexicanos _____ a los cementerios con flores y dulces.
d) Frida Kahlo _____ una famosa pintora mexicana.
e) En México _____ muchos monumentos de los mayas y los aztecas.

5. **Relaciona las frases de la actividad 4 con las fotos.**

6. Relaciona las fotos con las palabras.

1. Tacos
2. Mariachis
3. Mayas
4. Sombrero
5. Pirámide

Uruguay

¿Cuál es el selfi de François?

¿Qué tres fotos corresponden con su descripción?

Uruguay

Querid@s amig@s:

Antes de nada, me presento: me llamo François, tengo quince años y soy francés. Toda mi familia vive en Bretaña menos mi hermana Clarisse que vive aquí, en Uruguay, con su marido Alberto y su hija Amanda. Vivo desde hace seis meses en Montevideo con mi hermana, mi cuñado y mi sobrina para aprender español.

En el selfi estoy en el Prado, un parque muy grande de Montevideo. Me gusta hacer los deberes y leer en el Prado antes de ir a clase. Me encanta Montevideo porque tiene muchos parques, me recuerda a mi ciudad.

En mi tiempo libre me gusta pasear con mi hermana por la plaza Independencia. Casi siempre nos tomamos un helado en La Cigale porque los hacen muy buenos.

Mi cuñado Alberto tiene ocho caballos muy bonitos. Los domingos salimos temprano a montar a caballo y comemos fuera de la ciudad. Mi comida favorita son los chivitos. Por la tarde merendamos alfajores, unos dulces típicos de Uruguay, ¡qué ricos!

Hasta ahora, lo que más me gusta de Uruguay es su carnaval y quiero quedarme aquí para verlo de nuevo. Ayúdame y vota mi selfi como mejor #mi_selfi3.0.

Saludos,

François

¿De dónde es François? ¿Dónde está de intercambio? Márcalo en el mapa.

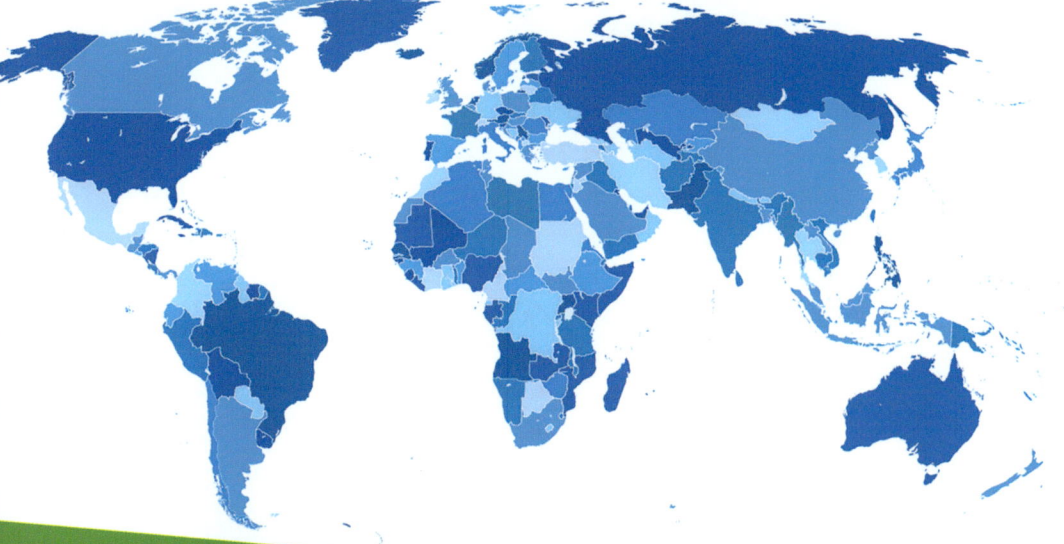

Uruguay

Actividades

1. **Vuelve a leer el texto y contesta a las preguntas.**

   a) ¿Qué merienda François?
   b) Clarisse es la _____ de François.
   c) ¿Cómo se llama la hija de Clarisse?

2. **François tiene que escribir un pequeño texto sobre su familia, pero no recuerda bien el vocabulario necesario. ¿Le puedes ayudar? Este es el dibujo con el que François ilustra su texto.**

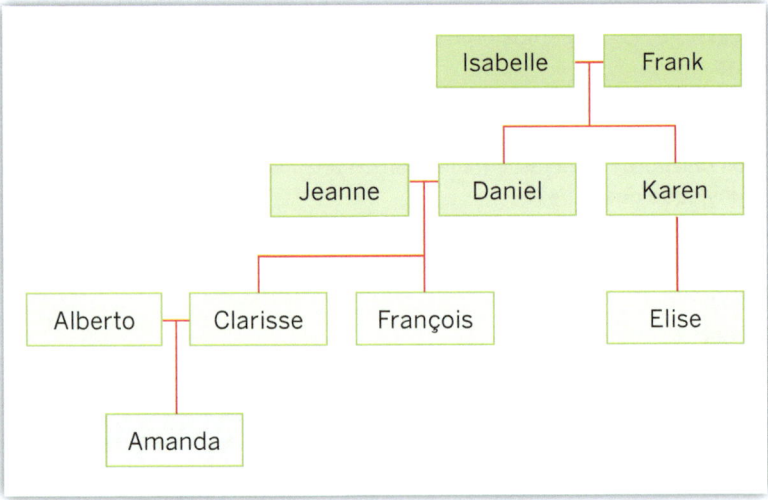

Estas palabras te pueden ayudar:

hermano	prima	hermana	sobrina	tía
padre	abuelos	marido	padres	madre

Mi familia

Me llamo François. Mi _____ se llama Elise y su madre, mi _____, Karen. Los _____ de Karen se llaman Isabelle y Frank y son mis_____. Karen tiene un _____, Daniel, que es mi _____. Daniel es el marido de Jeanne, mi _____. Mis padres tienen dos hijos, mi_____ Clarisse y yo. El _____ de Clarisse se llama Alberto, es mi cuñado y es el _____ de Amanda, mi _____.

Uruguay

Actividades

3. Adivina, adivinanza. ¿Quién es la persona más vieja de la familia de François? Rellena las casillas y encuentra quién es el más viejo. Aquí tienes algunas pistas.

- El hermano de mi padre es mi (1).
- La hija de la hermana de mi padre es mi (2).
- La madre de mi prima es mi (3).
- El padre de mi padre es mi (4).
- El marido de mi hermana es el (5) de mi madre.
- La otra hija de mis padres es mi (6).
- Mi hermana y yo somos nietos de nuestros (7).
- El marido de mi hermana es mi (8).
- Mis padres tienen dos hijos. Mi hermana y yo no tenemos más (9).
- La madre de mi madre es mi (10).
- La hija de mi hermana es mi (11).

La persona más vieja de la familia de François es su _ _ _ _ _ _ _ _ _ _ _

4. Vuelve a leer la presentación de François. ¿Cuál de estos dulces le gusta? ¿Y a ti?

A François le gustan _____ y a mí me gusta _____.

5. ¿Cuáles de estos dulces son típicos de Uruguay? Busca en Internet.

arroz con leche — flan — dulce de leche — crema catalana
alfajores — tarta de Santiago — budín de pan — cuajada

Colombia

¿Cuál es el selfi de John?

¿Qué tres fotos corresponden con su descripción?

Colombia

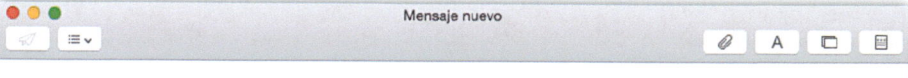

Hola:

Estos son mis compañeros de clase de español, mi novia y yo. Mi novia, que se llama Mary, es la chica pelirroja. Yo soy el chico que lleva la camisa de cuadros azules y marrones. Me llamo John. Nuestros amigos, los chicos morenos, se llaman Olivia y Thomas. Los cuatro somos australianos y estamos ahora en Bogotá de intercambio de español.

Nos gusta mucho Colombia, porque la gente es muy simpática y hay muchas cosas que hacer si te gusta la cultura.

En Bogotá, por ejemplo, puedes ir a museos muy interesantes como el Museo del Oro, donde hay muchas obras de arte indígenas.

Esta es una foto de la casa donde vivo en Bogotá. Mi casa es la casa azul con dos ventanas. Está en el barrio de La Candelaria. La casa es pequeña, pero muy bonita.

La escuela de español también está en el barrio de La Candelaria. Es una zona muy bonita de la ciudad, porque hay muchas casas de colores. Envío este selfi desde el barrio de La Candelaria de Bogotá. Por favor, vota mi selfi como mejor #mi_selfi3.0.

Un abrazo,

John

¿De dónde es John? ¿Dónde está de intercambio? Márcalo en el mapa.

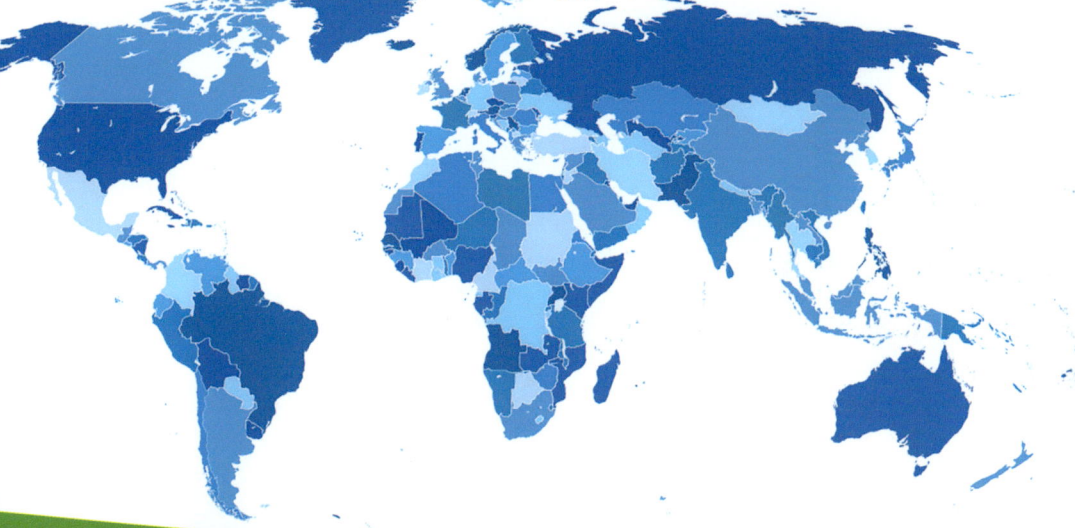

Colombia

Actividades

1. **Vuelve a leer el texto y contesta a las preguntas.**
   a) ¿De dónde es John?
   b) ¿En qué ciudad vive John?
   c) ¿Cómo es la casa donde vive John?

2. **¿De qué color es la ropa de John? Completa el crucigrama.**

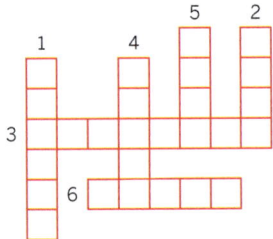

El es... ❶	La es... ❹
El es... ❷	La es... ❺
El es... ❸	La es... ❻

3. **Estos son los amigos colombianos de John. ¿Qué ropa llevan en las fotos? Completa las frases.**

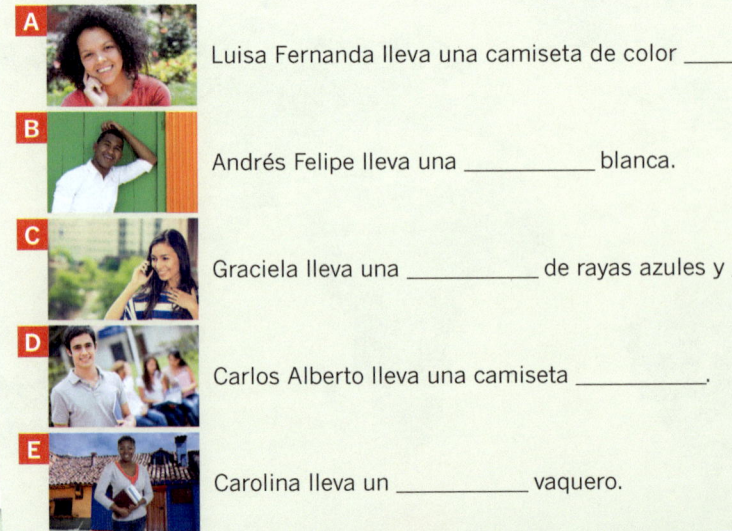

A — Luisa Fernanda lleva una camiseta de color _____.

B — Andrés Felipe lleva una _____ blanca.

C — Graciela lleva una _____ de rayas azules y _____.

D — Carlos Alberto lleva una camiseta _____.

E — Carolina lleva un _____ vaquero.

Colombia

Actividades

4. Lee este texto sobre las ciudades de Colombia y relaciona las fotos con los nombres de los lugares.

> Bogotá tiene más de ocho millones de habitantes y está a 2 640 metros de altura, así que hace frío todo el año. La gente lleva ropa de colores oscuros: negro, marrón, azul. Como hace frío, la gente lleva chaquetas y abrigos. Hay mucha gente joven que usa pantalones vaqueros.
>
> Barranquilla es una ciudad muy alegre en el mar Caribe. Es famosa por su Carnaval, cuando la gente viste ropa de muchos colores.
>
> Cartagena de Indias también es una ciudad tropical. La gente lleva camisetas cortas y vestidos de colores. Es una ciudad muy alegre.

1. Bogotá
2. Barranquilla
3. Cartagena de Indias

Argentina

¿Cuál es el selfi de Andrea?

¿Qué tres fotos corresponden con su descripción?

Argentina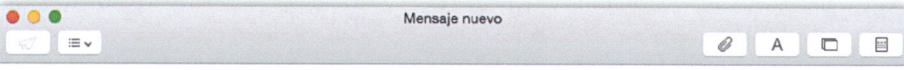

Mensaje nuevo

Querid@s amantes del selfi:

Yo soy la chica rubia del selfi y me llamo Andrea. A mi lado podéis ver a mi amiga Vivienne. Somos de Bonn, Alemania, y estudiamos español en Buenos Aires. Vivimos en el barrio de San Telmo, el más bohemio de la ciudad, nos encanta. Nuestra habitación de la residencia de estudiantes es muy grande y tiene todo lo necesario: dos camas, dos estanterías, dos escritorios. Lo único malo es que tiene un solo baño. Nuestra escuela está al lado de la Plaza Dorrego, famosa por su feria de antigüedades, cerca de la residencia.

Como nuestros amigos de aquí, todas las mañanas nos preparamos nuestro mate[1]. ¡Ya somos expertas y lo preferimos al café!

De lunes a viernes vamos a clase de español, por lo que no tenemos mucho tiempo y almorzamos solo una empanada. Los fines de semana, como premio, nos tomamos un buen bifé a la criolla con chimichurri[2] y, de postre, una tarta de dulce de leche.

Por las noches buscamos alguna milonga[3], en nuestro barrio hay muchas. La música de Carlos Gardel nos encanta, qué bonito es el bandoneón. Bailar el tango es muy difícil, pero también muy divertido. Yo ya tengo mis zapatos de baile, con tacones de siete centímetros.

Vota nuestro selfi en #mi_selfi3.0.

Un beso,
Andrea

[1] **Mate:** bebida caliente típica en Argentina, Chile y Uruguay.
[2] **Chimichurri:** salsa típica en Argentina y Uruguay.
[3] **Milonga:** lugar en el que la gente se reúne para bailar tango.

¿De dónde es Andrea? ¿Dónde está de intercambio? Márcalo en el mapa.

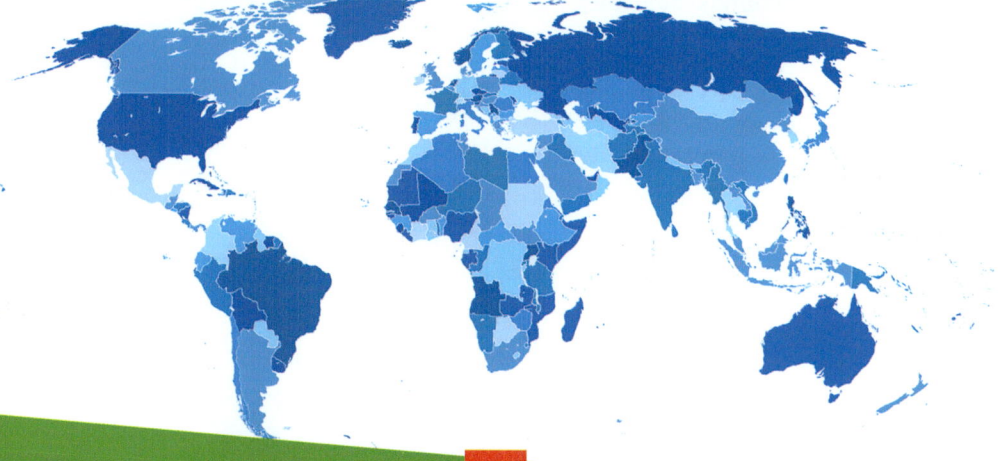

Argentina

Actividades

1. **Vuelve a leer el texto y contesta a las preguntas.**
   a) ¿Qué bebida típica de Argentina le gusta a Andrea?
   b) ¿Qué es una milonga?
   c) ¿En qué barrio de Buenos Aires viven Andrea y Vivienne?

2. ¿Cuál de estos barrios es San Telmo? ¿Cuál de estos barrios es La Boca y cuál es Puerto Madero? Busca más información en Internet.

   – San Telmo es el barrio de la foto _____.
   – La Boca es el barrio de la foto _____.
   – Puerto Madero es el barrio de la foto _____.

3. ¿Cuál de estos barrios te gusta para estudiar español en un intercambio de estudiantes? ¿Por qué?

   El barrio de Buenos Aires que más me gusta para hacer un intercambio de estudiantes es _____ porque _____.

4. Andrea y Vivienne son muy buenas amigas pero tienen un pequeño problema: Vivienne piensa que Andrea es demasiado desordenada. Esta es la parte de la habitación de Andrea.

Argentina

Actividades

Un día que Andrea no está en casa porque está bailando tango, Vivienne decide dejarle una nota, pero faltan algunas palabras porque no recuerda cómo se dicen en español. ¿Puedes ayudar a Vivienne?

bufanda   mesilla   ordenador   libros   cama   papeles

Querida Andrea:

Sabes que te quiero mucho y que eres mi mejor amiga. Te escribo porque no sé cómo decirte que eres un poco desordenada. Tu _____ está siempre sin hacer y siempre dejas el cajón de la _____ abierto. El suelo alrededor de tu cama está siempre lleno de cosas. Ahora, por ejemplo, hay unos _____ blancos, una _____ roja, una bolsa de patatas fritas abierta y patatas por toda la habitación. Tu _____ está abierto y en el suelo y lo podemos pisar[1] sin querer. ☹ Algunos _____ de tu estantería se pueden caer. Por favor, intenta ser más ordenada. Si quieres, yo te puedo ayudar a organizar tus cosas. ☺☺☺

Un beso grande,

Vivienne.

5. Andrea y Vivienne piensan sobre su futuro. Andrea quiere ser profesora de español porque le gusta mucho enseñar. Vivienne quiere ser traductora porque le gustan los idiomas.

   Escribe tres objetos que normalmente utiliza un profesor y tres objetos que normalmente utiliza un traductor.

   a) Los profesores utilizan mucho _____, _____ y _____.

   b) Los traductores utilizan mucho _____, _____ y _____.

   c) ¿Qué profesión quieres tener de mayor?

   – En el futuro, quiero ser _____ porque _____.

---
[1] **Pisar:** poner el pie sobre algo.

Chile

¿Cuál es el selfi de Noor y Suhailah?

¿Qué tres fotos corresponden con su descripción?

Chile

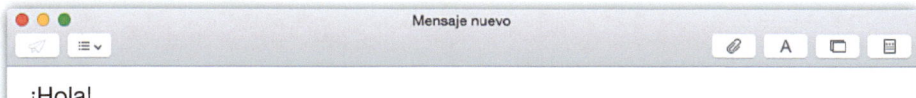

¡Hola!
Somos Noor y Suhailah. Somos de Malasia y estudiamos español en Chile.
En Malasia hace siempre calor, pero en Chile, en invierno, hace mucho frío. Nosotras estudiamos en Santiago de Chile y alrededor de la ciudad hay muchas montañas con nieve.
Chile es muy bonito. Tiene muchas montañas y lagos. Nos gusta hacer excursiones y caminar en las montañas con nuestros compañeros de clase.
La próxima semana, por ejemplo, vamos a Patagonia, en el sur del país, para hacer senderismo por unas montañas que se llaman Torres del Paine y para ver pingüinos y otros animales que se pueden ver cerca del mar.
Ahora que es invierno también queremos viajar al norte del país, al desierto de Atacama. Es el lugar más seco del mundo, ¡allí no llueve nunca! Además, dicen que en verano hace mucho calor, pero ese calor es muy diferente al calor de Malasia, porque en Malasia llueve mucho.
Dentro de dos semanas vamos a volver a Malasia. Vamos a echar mucho de menos Chile y a nuestros nuevos amigos, pero sabemos que vamos a volver.
Enviamos nuestro selfi desde un parque natural de Chile. Vota nuestro selfi en el concurso #mi_selfi3.0.
Muchos saludos,
Noor y Suhailah

¿De dónde son Noor y Suhailah? ¿Dónde están de intercambio? Márcalo en el mapa.

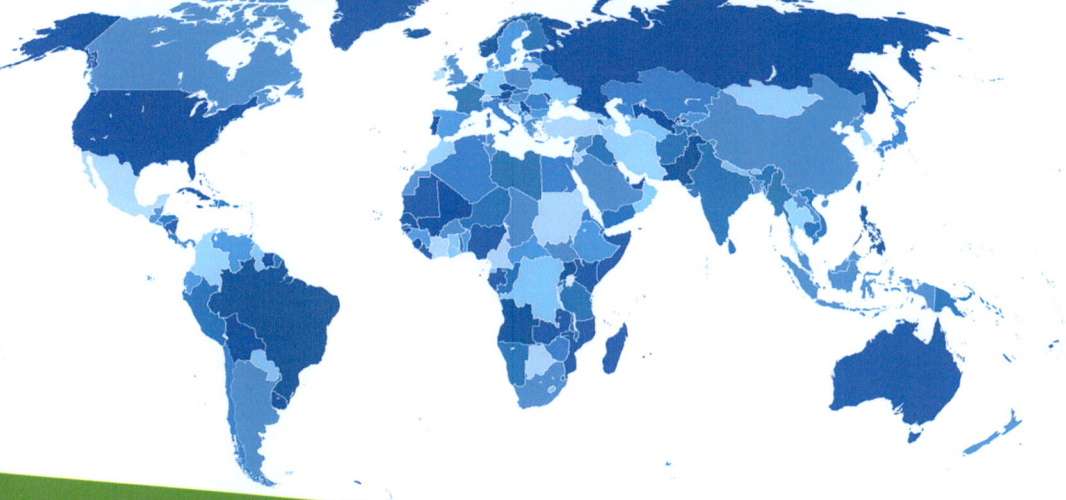

Chile

Actividades

1. **Vuelve a leer el texto y contesta a las preguntas.**
   a) ¿En qué estación del año están Noor y Suhailah en Chile?
   b) ¿Qué lugares quieren visitar Noor y Suhailah en Chile?
   c) ¿Para qué quieren ir a Patagonia?

2. **Estos son los lugares que describen Noor y Suhailah en su mensaje. Escribe el nombre de cada lugar debajo de la foto.**

3. **Vuelve a leer el texto y completa las frases.**
   a) En Malasia todo el año hace _____.
   b) En el desierto de Atacama, en _____, hace mucho calor.
   c) En las montañas que hay cerca de Santiago de Chile hace mucho _____ en invierno.
   d) En el desierto de Atacama no _____ nunca.

4. **Mira estas fotos de Chile en las cuatro estaciones. ¿Sabes a qué estación corresponde cada foto? Relaciona.**

1. Invierno
2. Verano
3. Otoño
4. Primavera

Chile

Actividades

5. Este es el calendario de Noor y Suhailah. Colorea cada estación de Chile con el color que corresponde.
Color azul: invierno
Color verde: primavera
Color amarillo: verano
Color rojo: otoño

Calendario

ENERO						
L	M	M	J	V	S	D
				1	2	3
4	5	6	7	8	9	10
11	12	13	14	15	16	17
18	19	20	21	22	23	24
25	26	27	28	29	30	31

FEBRERO						
L	M	M	J	V	S	D
1	2	3	4	5	6	7
8	9	10	11	12	13	14
15	16	17	18	19	20	21
22	23	24	25	26	27	28

MARZO						
L	M	M	J	V	S	D
1	2	3	4	5	6	7
8	9	10	11	12	13	14
15	16	17	18	19	20	21
22	23	24	25	26	27	28
29	30	31				

ABRIL						
L	M	M	J	V	S	D
			1	2	3	4
5	6	7	8	9	10	11
12	13	14	15	16	17	18
19	20	21	22	23	24	25
26	27	28	29	30		

MAYO						
L	M	M	J	V	S	D
					1	2
3	4	5	6	7	8	9
10	11	12	13	14	15	16
17	18	19	20	21	22	23
24	25	26	27	28	29	30
31						

JUNIO						
L	M	M	J	V	S	D
	1	2	3	4	5	6
7	8	9	10	11	12	13
14	15	16	17	18	19	20
21	22	23	24	25	26	27
28	29	30				

JULIO						
L	M	M	J	V	S	D
			1	2	3	4
5	6	7	8	9	10	11
12	13	14	15	16	17	18
19	20	21	22	23	24	25
26	27	28	29	30	31	

AGOSTO						
L	M	M	J	V	S	D
						1
2	3	4	5	6	7	8
9	10	11	12	13	14	15
16	17	18	19	20	21	22
23	24	25	26	27	28	29
30	31					

SEPTIEMBRE						
L	M	M	J	V	S	D
	1	2	3	4	5	
6	7	8	9	10	11	12
13	14	15	16	17	18	19
20	21	22	23	24	25	26
27	28	29	30			

OCTUBRE						
L	M	M	J	V	S	D
				1	2	3
4	5	6	7	8	9	10
11	12	13	14	15	16	17
18	19	20	21	22	23	24
25	26	27	28	29	30	31

NOVIEMBRE						
L	M	M	J	V	S	D
1	2	3	4	5	6	7
8	9	10	11	12	13	14
15	16	17	18	19	20	21
22	23	24	25	26	27	28
29	30					

DICIEMBRE						
L	M	M	J	V	S	D
	1	2	3	4	5	
6	7	8	9	10	11	12
13	14	15	16	17	18	19
20	21	22	23	24	25	26
27	28	29	30	31		

6. ¿Sabes cuáles de estos sitios están en Chile?

A. Isla de Pascua
B. Valparaíso
C. Islas Galápagos
D. Cataratas de Iguazú

Venezuela

¿Cuál es el selfi de Chiara?

¿Qué tres fotos corresponden con su descripción?

Venezuela

¡Chao a tod@s!
Me llamo Chiara y estoy de intercambio en Venezuela con mi colegio. Tengo trece años y soy italiana. Soy morena, tengo los ojos azules y en la foto llevo un sombrero blanco. Este verano estoy en Caracas. La verdad es que el clima es primaveral.
Me encanta salir a comer arepas[1] y pan de jamón y, los fines de semana, ir todos juntos a clase de salsa y merengue[2]. ¡Quiero seguir bailando en Padua, después de mi intercambio!
Hacemos muchas excursiones organizadas por mi colegio. Los lugares que más me gustan en Venezuela son: el Salto Ángel, la cascada más alta del mundo, y Pico Bolívar, el punto más alto del país. ¡Me encanta la nieve!
Bueno, os dejo, porque tengo que hacer una presentación para la clase de español sobre Simón Bolívar, un héroe caraqueño conocido también con el nombre de El Libertador. Voy a sacar una foto de la plaza Bolívar para la presentación que estoy preparando.
Me gusta mucho Venezuela y quiero volver. Por favor, votad mi selfi como el mejor #mi_selfi3.0.
Un abrazo,
Chiara

[1] **Arepa:** plato típico de Venezuela y de Colombia.
[2] **Salsa, merengue:** dos bailes típicos en algunos países de Latinoamérica.

¿De dónde es Chiara? ¿Dónde está de intercambio? Márcalo en el mapa.

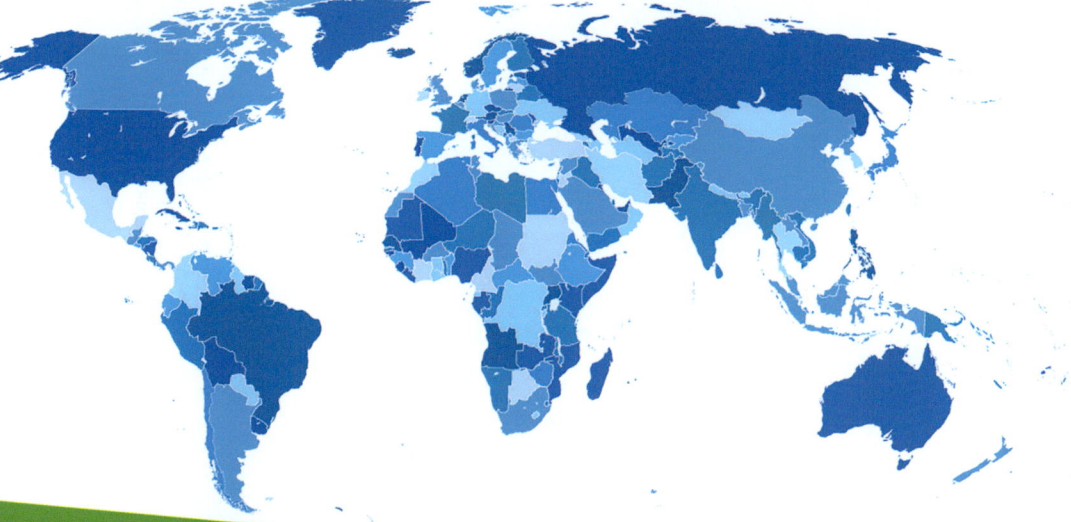

Venezuela

Actividades

1. **Vuelve a leer el texto y contesta a las preguntas.**
   a) ¿Qué lleva Chiara en la cabeza?
   b) ¿Quién es Simón Bolívar?
   c) ¿Qué es Salto Ángel?

2. **A Chiara le encantan las arepas. Quiere cocinarlas y encuentra una receta que le gusta. El problema es que no hay verbos. ¿Puedes ayudar a Chiara? Coloca estos verbos en el lugar correcto.**

   sirven   calienta   amasa   cocinan   meten   añade

Arepa venezolana

Existen muchas recetas de la arepa venezolana, aquí tienes una de ellas:

1. Primero, se vierte aproximadamente una taza y media de agua en un bol.
2. Luego, se _____ la sal, un chorrito de aceite, y la harina de maíz.
3. Se _____ con las manos la masa y se forman bolas medianas.
4. Se aplastan las bolas creando un disco grueso y simétrico.
5. Se _____ una plancha con un poco de aceite.
6. Se ponen las arepas en la plancha y se _____ por los dos lados.
7. Se _____ las arepas en el horno y se sacan cuando están doradas.
8. Se _____ rellenas de queso o de otro condimento, como desayuno o cena.

¡Que aproveche!

Venezuela

Actividades

3. ¿Cuáles de estos ingredientes son necesarios para hacer arepas? ¡Con los ingredientes que no te sirven para hacer arepas puedes hacer unos deliciosos panqueques! ☺

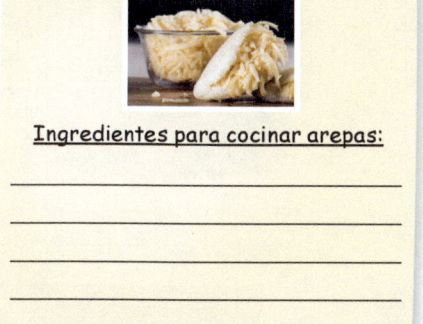

Ingredientes para cocinar arepas:
_____
_____
_____
_____

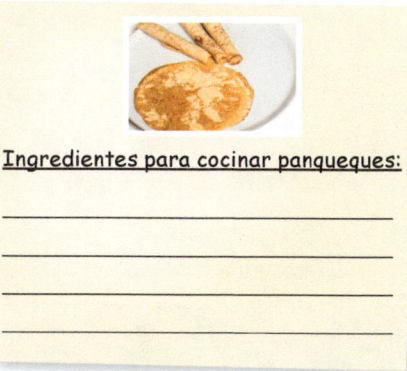

Ingredientes para cocinar panqueques:
_____
_____
_____
_____

¿Y tú? ¿Qué prefieres cocinar? ¿Arepas o panqueques?

Prefiero cocinar _____ porque _____.

4. En Venezuela hay mucha variedad de paisajes. ¿Cuáles de estos lugares piensas que no está en Venezuela? ¡Te vas a sorprender! Busca ayuda en Internet.

A. Colonia Tovar   B. Pico Bolívar   C. Playa Medina   D. Salto Ángel

Cuba

¿Cuál es el selfi de James?

¿Qué tres fotos corresponden con su descripción?

Cuba

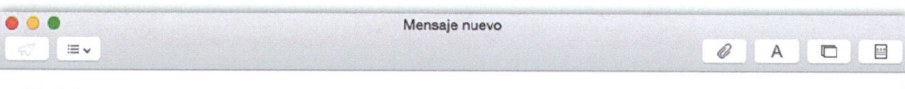

¡Hola!
En nuestro selfi podéis ver a cinco chicos canadienses. Tenemos dieciséis años y sí, todos llevamos gafas de sol, porque en Cuba siempre hace mucho sol. Aquí nunca hace frío, casi siempre hace muchísimo calor. En el selfi estamos en playa de Santa María, cerca de La Habana.
Somos de Quebec y estudiamos español desde hace dos años. Este año estamos de intercambio en La Habana, Cuba. Todos los fines de semana venimos a la playa de Santa María. Las playas de Varadero y Cayo Coco son las playas más famosas de Cuba, pero casi nunca vamos lejos de excursión.
Me encanta la fotografía y aquí me gusta mucho fotografiar coches antiguos y edificios coloniales. En Cuba hay muchos coches antiguos de colores, ¡son increíbles! Quiero tener un coche cubano en Canadá, pero es dificilísimo.
Me encanta la música cubana. A mis amigos les encanta la salsa y todos los martes van a bailar después de clase, pero yo raramente voy. A mí me gusta más el son cubano[1]. A veces, salgo a pasear por las calles de La Habana solo para escuchar a los músicos tocar son cubano. ¿Conoces Buena Vista Social Club? Es mi grupo favorito y me gusta muchísimo la película, la veo una vez al año.
Nos encanta Cuba y no queremos volver a Canadá. Vota nuestro selfi como el mejor #mi_selfi3.0.
Saludos,
James

[1] **Son cubano:** género musical de origen cubano.

¿De dónde es James? ¿Dónde está de intercambio? Márcalo en el mapa.

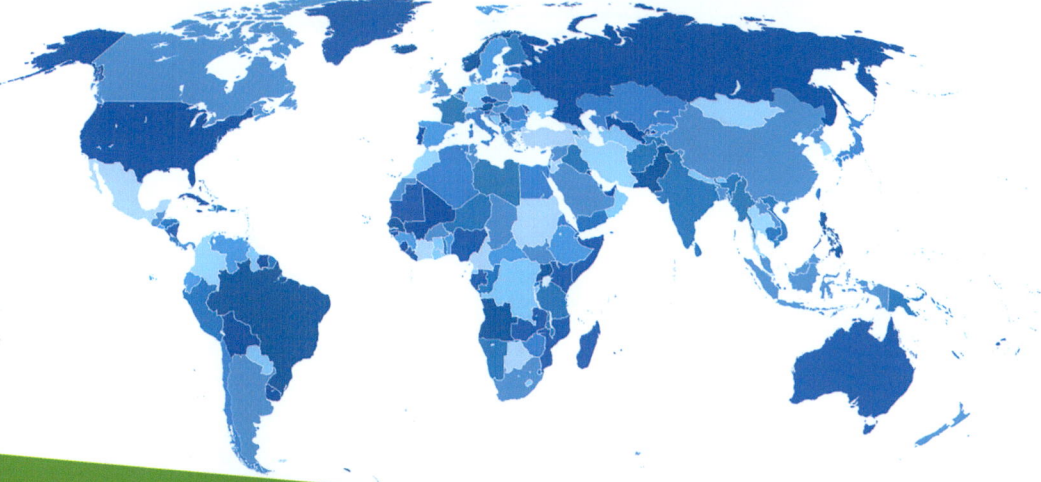

Cuba

Actividades

1. **Vuelve a leer el texto y contesta a las preguntas.**
   a) ¿De qué ciudad son James y sus amigos?
   b) ¿Con qué frecuencia van a la playa James y sus amigos?
   c) ¿Qué cosas le gusta hacer a James en Cuba?

2. **Encuentra siete expresiones de frecuencia en el texto.**
   a) N _ _ C _
   b) _ A _ _   _ _ N _ _
   c) _ _ _ _ _ LOS _ _ _ _ _ DE _ _ _ _ _ _
   d) S _ _ _ _ _ E
   e) C _ _ _   _ _ _ _ _ _ E
   f) _   _ _ C _ S
   g) TO_ _ _ LOS _ _ _ _ _ _
   h) R _ _ A _ _ _ _ _

3. **Ordena las expresiones de frecuencia de mayor a menor frecuencia.**

   MÁS FRECUENTE **+**

   MENOS FRECUENTE **−**

4. **Completa el perfil de Facebook de James.**

   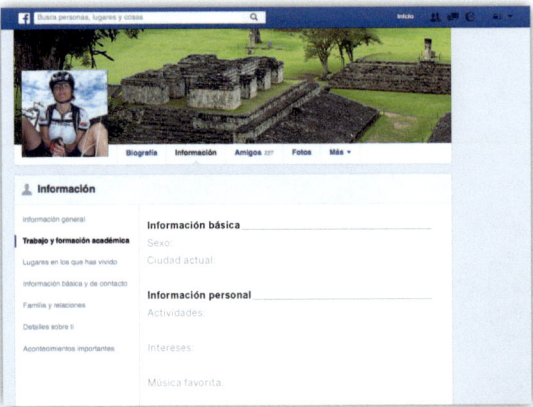

Cuba

Actividades

5. ¿Sabes qué es la ropa vieja? James escribe a su amigo mexicano, que está en Canadá, y le dice que le encanta la ropa vieja.

> Hola:
>
> ¿Cómo estás? A mí me encanta Cuba. La gente, la música, las playas... ¡Ah!, y la comida! Me encanta la ropa vieja. ¿Sabes qué es?
>
> La ropa vieja es típica del Caribe y se come mucho en Cuba. Nosotros la comemos todos los domingos. Es un plato de carne con arroz blanco, plátano frito y frijoles. ¡Me encanta!
>
> Te envío una foto de la ropa vieja que prepara Mayi, la mamá de la casa donde vivo.
>
> Los cubanos son simpatiquísimos. A mí me gusta una chica que se llama Chabely y vive cerca de mi casa. Estudia en la escuela y...

¿Cuál es la foto de la ropa vieja?

49

Ecuador

¿Cuál es el selfi de Doortje?

¿Qué tres fotos corresponden con su descripción?

Ecuador

Mensaje nuevo

Hola, amig@s:

Somos tres chicas holandesas y estamos estudiando español en Cuenca, una ciudad muy bonita de Ecuador. Yo me llamo Doortje y mis amigas son Adri (la chica de la camisa de cuadros) y Hendrika (la chica morena de pelo rizado).

Los domingos nos encanta ir a los mercados locales, son muy variados y coloridos. Sacamos unas fotos estupendas que luego cuelgo en mi blog de viajes. A veces, también compramos algo. La próxima semana quiero comprar una hamaca para llevar a mi país y dormir la siesta colgada en el jardín. ☺ ¡Aquí hay unas hamacas preciosas!

También hago fotos gastronómicas. Nos encanta comer tamales[1]. Quiero aprender a cocinar el locro[2], una sopa típica de aquí. Todavía no conocemos el cebiche, pero dicen que está muy bueno.

La semana que viene vamos a hacer un viaje a las islas Galápagos para ver las famosas tortugas de cuello alto.

Vota nuestro selfi como mejor #selfi3.0, así podemos quedarnos aquí y sacarnos un selfi delante del Monumento a la Mitad del Mundo, que marca la latitud 0°. ¡Queremos hacernos una foto con un pie en cada hemisferio! ☺
¡Besoooos!
Dortje, Adri y Hendrika

[1] **Tamal:** plato preparado con puré de maíz y carne, envuelto en una hoja de maíz o de plátano y cocido.
[2] **Locro:** plato hecho con maíz, patatas y carne.

¿De dónde son Doortje, Adri y Hendrika? ¿Dónde están de intercambio? Márcalo en el mapa.

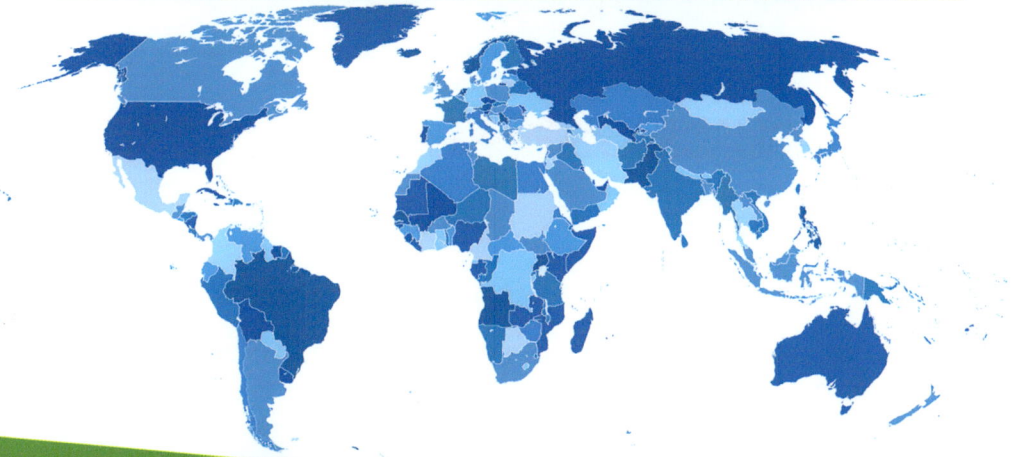

Ecuador

Actividades

1. **Vuelve a leer el texto y contesta a las preguntas.**
   a) ¿Cómo se llama la amiga de Doortje y Hendrika?
   b) ¿Qué animales puedes ver en las islas Galápagos?
   c) ¿Qué objeto quiere comprar Doortje para dormir la siesta?

2. **Doortje, Adri y Hendrika piensan hacer un viaje la semana que viene. Doortje quiere ir a las islas Galápagos y Adri prefiere ir a Quito. ¿Adónde quiere ir Hendrika? Lee la conversación.**

D: ¡Hace mucho tiempo que hablamos de ir a las islas Galápagos para ver las tortugas de cuello alto!

A: Ya, pero yo prefiero ir a Quito para comprar en los mercados y para visitar la catedral, que es muy bonita. Lo sé por mis amigos de Quito.

H: No me gusta discutir por tonterías. Además, podemos ir la semana que viene a las islas Galápagos y la siguiente a Quito. Así lo vemos todo.

D: Bueno, no es mala idea.

A: ¡Claro que sí!

3. **¿Cuántas veces aparece *para* y cuántas veces aparece *por* en la conversación de las chicas? Completa la tabla con ejemplos del texto.**

Para	Por

¿Y tú? Imagina que hablas con Doortje, Adri y Hendrika. ¿Prefieres las islas Galápagos o Quito?

Ecuador

Actividades

4. Al final Doortje, Adri y Hendrika viajan a Quito y van al mercado artesanal La Mariscal. Ven unas telas muy bonitas y deciden comprar una, pero no saben cuánto valen. ¿Puedes ayudarlas?

- La tela de fondo blanco con figuritas azules y negras cuesta quince dólares más que la tela de fondo verde con peces de colores.
- La tela roja con figuras de color naranja, marrón, negro y blanco cuesta diez dólares menos que la tela verde con peces de colores.
- La tela en tonos rojizos con formas geométricas cuesta cinco dólares más que la tela verde con peces de colores.
- La tela en tonos marrones con figuras geométricas y máscaras cuesta cincuenta y cinco dólares, es decir, es treinta y cinco dólares más barata que la tela en tonos rojizos con formas geométricas.

Los precios son:

a) Tela blanca con figuritas azules y negras: ___ dólares.
b) Tela verde con peces de colores: ___ dólares.
c) Tela roja con figuras de color naranja, marrón , negro y blanco: ___ dólares.
d) Tela en tonos rojizos con formas geométricas: ___ dólares.
e) Tela en tonos marrones con figuras geométricas y máscaras: ___ dólares.

5. Doortje y sus amigas están muy interesadas en la gastronomía de Ecuador y deciden probar tres platos típicos de Ecuador en un restaurante de Quito, pero solo conocen los tamales. ¿Les ayudas a identificar el nombre de cada uno de estos platos?

1. Tamales
2. Locro
3. Cebiche de camarones

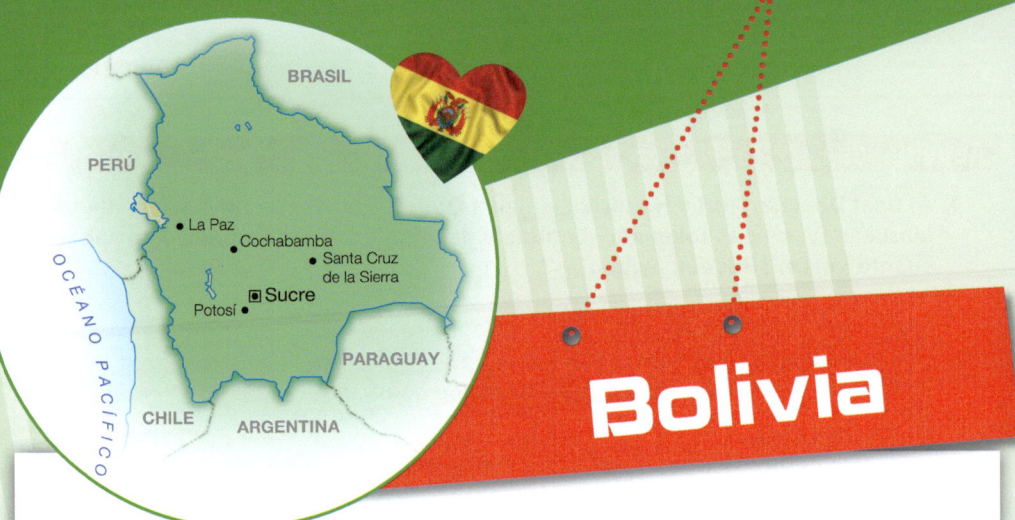

Bolivia

¿Cuál es el selfi de Mike?

¿Qué tres fotos corresponden con su descripción?

Bolivia

¡Hola a tod@s!

Soy Mike y estas son mis amigas Kate y Mary. Este es nuestro selfi para el concurso #mi_selfi3.0. Nosotros somos de Londres, Inglaterra. En Londres estudiamos español en nuestro instituto. Tenemos dieciséis años y este año estamos de intercambio en Sucre, Bolivia.

Sucre es una ciudad muy bonita. La llaman "Ciudad Blanca" porque todas las casas son de este color y tiene mucha importancia en la historia de Sudamérica. No muy lejos de Sucre está el Salar de Uyuni. El Salar de Uyuni es un lugar mágico, donde cielo y tierra se tocan. Nosotros vamos la próxima semana. ¡Tenemos muchas ganas de ir!

En la ciudad estudiamos español y somos voluntarios en un programa internacional. Después de estudiar español, enseñamos inglés a niños en una escuela de Sucre.

Nos gusta mucho la música boliviana, pero para bailar nos encanta el reguetón. Todos los sábados vamos a bailar reguetón a un bar famoso de Sucre.

Dentro de dos días tenemos que volver a Inglaterra. ¡Nunca vamos a olvidar Bolivia!

Un saludo,

Mike, Kate y Mary

[1] **Reguetón:** música y baile de origen latinoamericano que combina el reggae y el hip hop.

¿De dónde es Mike? ¿Dónde está de intercambio? Márcalo en el mapa.

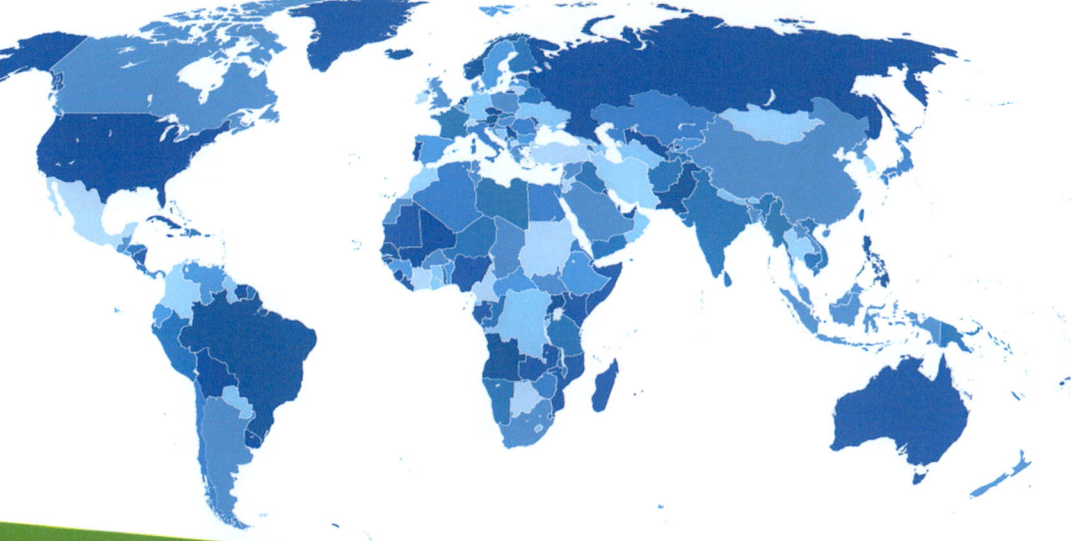

Bolivia

Actividades

1. **Vuelve a leer el texto y contesta a las preguntas.**
   a) ¿Por qué Sucre es conocida como la "Ciudad Blanca"?
   b) ¿Qué hacen Mike y sus amigas en Bolivia?
   c) ¿Qué música le gusta bailar a Mike?

2. **Completa este texto sobre Bolivia con las siguientes palabras:**

   está   entre   tiene   es   sur

   Bolivia _____ en el centro de Sudamérica, _____ Brasil, Paraguay, Argentina, Chile y Perú. La capital ____ Sucre, ciudad que está al _____ del país. Bolivia _____ diez millones de habitantes.

3. **Mira el mapa de Sudamérica y escribe el nombre de un país que está...**
   a) al este de Bolivia.
   b) al oeste de Bolivia.
   c) al norte de Bolivia.
   d) al sur de Bolivia.

4. **Relaciona las palabras con las imágenes. ¿Sabes qué instrumentos son típicos de Bolivia?**

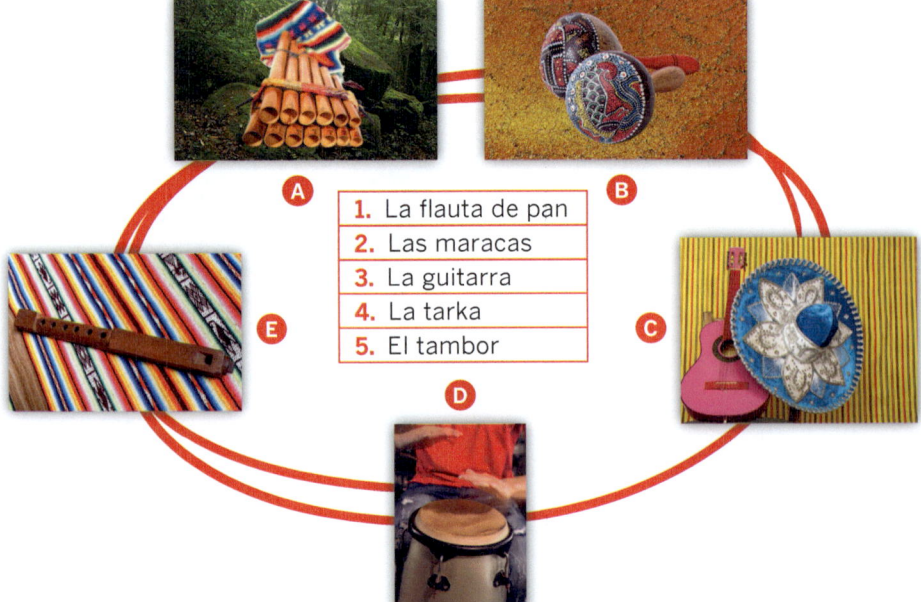

1. La flauta de pan
2. Las maracas
3. La guitarra
4. La tarka
5. El tambor

Bolivia

Actividades

5. Algunos de estos lugares no están en Bolivia. ¿Sabes cuáles son?

A. Lago Titicaca
B. Lago Atitlán
C. Mar Caribe
D. Cochabamba
E. La Paz
F. Antigua Guatemala

6. Relaciona las palabras con las fotos.

1. Cielo
2. Tierra
3. Salar
4. Instituto

Panamá

¿Cuál es el selfi de Hansen?

¿Qué tres fotos corresponden con su descripción?

Panamá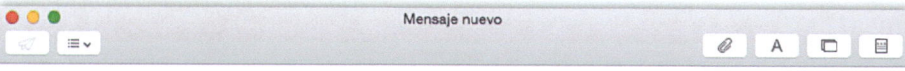

Mensaje nuevo

Hola, chicas y chicos:
Mirad mi foto, estoy muy bien acompañado. ☺
Me llamo Hansen, soy austríaco y estudio en primer año de Ingeniería. Paso este verano en ciudad de Panamá para mejorar mi español y para participar en un proyecto de investigación sobre el canal de Panamá, que une los océanos Atlántico y Pacífico.
En el selfi estoy con mis compañeros: Eva, Peter, Renate, Carola, Monika y Karin. Ellos también son austríacos. En nuestro tiempo libre hacemos turismo para conocer mejor la ciudad. El barrio antiguo y el Conjunto Monumental Histórico de Panamá Viejo son impresionantes. Después de clase solemos dar un paseo por la Calzada de Amador que tiene unas vistas muy bonitas. También nos encanta salir de fiesta.
Lo bueno de Panamá es que puedes elegir entre una gran variedad de actividades: subir en autobús hasta los pies del volcán Barú para hacer senderismo, o hacer submarinismo en el archipiélago de Bocas del Toro en el mar Caribe, por ejemplo.
Bueno, os dejamos, porque ahora mismo se celebra el Panama Jazz Festival y tenemos entradas para un concierto.
¡Vota nuestro selfi en #mi_selfi3.0!
Saludos a todos,
Hansen

¿De dónde es Hansen? ¿Dónde está de intercambio? Márcalo en el mapa.

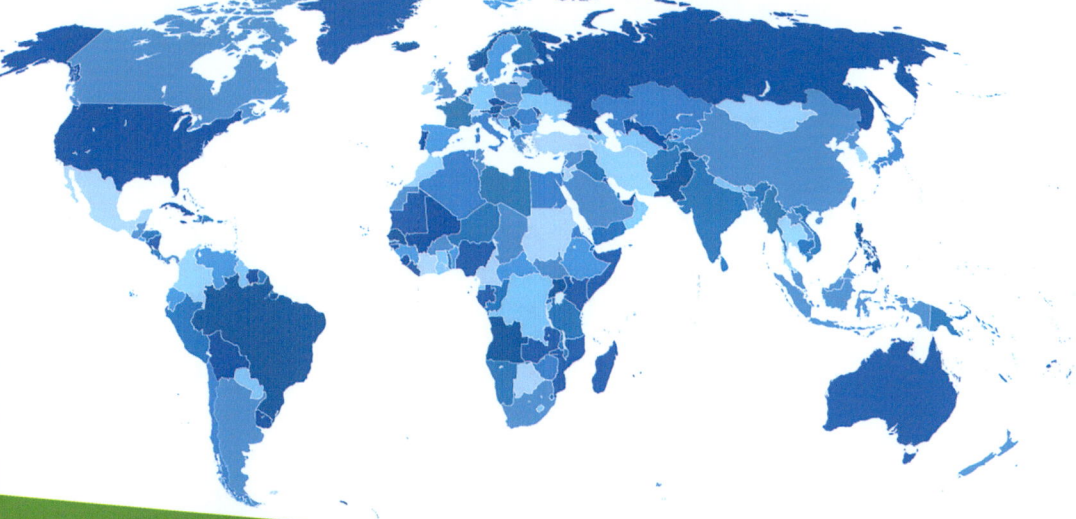

Panamá

Actividades

1. Vuelve a leer el texto y contesta a las preguntas.
   a) ¿Qué estudia Hansen?
   b) ¿Qué tipo de música le gusta a Hansen y a sus amigos?
   c) ¿Cuántos amigos de Hansen salen en la foto?

2. Hansen y sus amigos deciden hacer un viaje turístico y la agencia les propone las siguientes posibilidades:

Un crucero[1] turístico *por el* canal de Panamá

UN **CRUCERO TURÍSTICO** POR EL **LAGO GATÚN** E **ISLA MONO**

Un espectáculo de *folclore* en ciudad de Panamá

3. Lee lo que pasa en la agencia de viajes y completa el texto. ¡Recuerda que *querer* es un verbo irregular (e>ie)!

Hansen _____ (querer) ir al crucero del canal de Panamá, porque _____ (querer, él) comprobar sus conocimientos de la universidad. "Nosotras no _____ (querer) pasar todo el día en el canal de Panamá, preferimos ir a la isla Mono", dicen Renate y Monika. "¿De verdad no _____ (querer, vosotras)? Pero si es interesantísimo", responde Hansen, y pregunta a Peter: "¿Tú tampoco _____ (querer) ir?". "A mí me da igual" dice Peter, no le gustan los conflictos. Hansen mira a Karin y le pregunta: "Y tú, ¿qué _____ (querer) hacer, Karin?". Todos miran a Karin, de ella depende qué van a hacer, su respuesta es decisiva. Karin, con una sonrisa en la cara, responde: "Yo _____ (querer) ver el espectáculo de folclore".

---
[1] **Crucero:** viaje en barco

Panamá

Actividades

4. Lee de nuevo el texto y completa el cuadro.

Yo	QUIERO (e>ie)
Tú	
Él/ella/usted	
Nosotros/nosotras	
Vosotros/vosotras	
Ellos/ellas/ustedes	

5. ¿Puedes completar este trabalenguas popular? Para ello debes conjugar el verbo *querer*. ¿Puedes decirlo rápido sin pararte?

¿Cómo _____ (tú) que te quiera[2] si el que _____ (yo) que me quiera no me _____ (él) como _____ (yo) que me quiera?

6. ¿Qué sabes del canal de Panamá? Responde V (verdadero) o F (falso).

			V	F
A		Roosevelt visita las obras del canal de Panamá en 1906, saluda con su sombrero y la foto sale en el periódico. Desde entonces, ese tipo de sombrero se llama sombrero de Panamá, aunque en realidad es de Ecuador.	☐	☐
B		La idea del unir el océano Atlántico con el mar del Sur aparece por primera vez en 1524, en una carta de Hernán Cortés a Carlos V.	☐	☐
C		El pintor Juan Gris se inspira en el canal de Panamá para realizar su famosa serie de cuadros titulada "La vía panameña", que está en el museo Reina Sofía de Madrid.	☐	☐

[2] **Querer:** está en un tiempo verbal (el presente de subjuntivo) que se aprende más tarde.

Honduras

¿Cuál es el selfi de Ahmed?

¿Qué tres fotos corresponden con su descripción?

Honduras

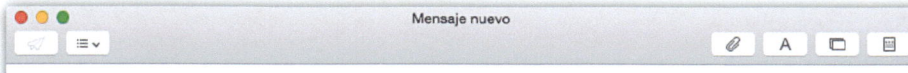

¡Hola, amig@s!

Soy Ahmed y este es mi selfi desde Roatán. Yo soy egipcio, pero este año estudio español en La Ceiba, Honduras.

Me encanta La Ceiba porque tiene unas playas preciosas y porque está muy cerca de Roatán, adonde voy algunos fines de semana a hacer submarinismo. Cerca de La Ceiba también hay una reserva de animales, Cuero y Salado, donde se pueden ver loros, monos y manatíes. Yo voy con frecuencia a hacer senderismo, me encantan los animales.

La zona de La Ceiba es muy famosa por la producción de la fruta. Aquí hay muchos plátanos y piñas que se exportan a todo el país y al extranjero.

Esta zona también es muy interesante porque hay muchos garífunas, descendientes de los africanos que mantienen las tradiciones y la música africana. Cuando no voy a Roatán, me gusta ir a las fiestas garífunas en la playa y bailar con ellos.

Me gusta hacer yoga, cocinar, bailar, pero lo que más me gusta hacer es practicar submarinismo. ¿Te gusta mi selfi haciendo submarinismo en Roatán? Si te gusta, vota mi selfi como el mejor #mi_selfi3.0.

Muchos saludos,

Ahmed

¿De dónde es Ahmed? ¿Dónde está de intercambio? Márcalo en el mapa.

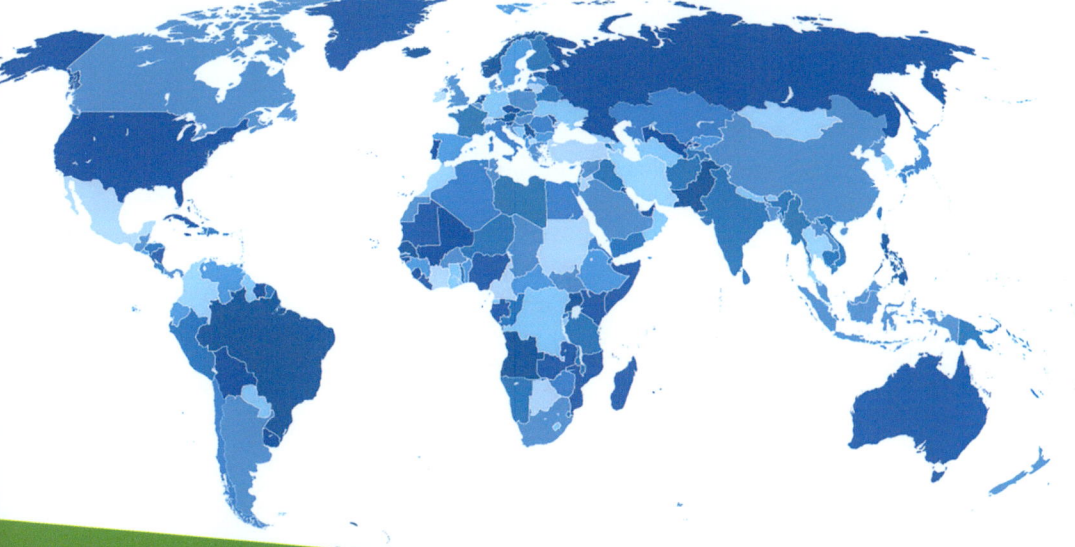

Honduras

Actividades

1. **Vuelve a leer el texto y contesta a las preguntas.**
   a) ¿Cuáles son las aficiones de Ahmed?
   b) ¿Qué es Cuero y Salado?
   c) ¿Qué son los garífunas?

2. **Ahmed vive en una casa al lado del Hotel Líbano, en La Ceiba. Es su primer día en La Ceiba y busca en Google Maps las cosas que hay cerca de su casa. Mira la imagen de Google Maps y escribe cinco cosas que hay en el barrio de Ahmed.**

   1. _____
   2. _____
   3. _____
   4. _____
   5. _____

3. **Mira el mapa y completa las frases con:**

   al lado de   a la izquierda de   enfrente de
   entre   en

   a) La parada de taxi San José está _____ la estación de autobuses San José.
   b) La INFOP está _____ Inversiones Canelas y VIANA.
   c) La estación de autobuses San José esta _____ La Pradera
   d) La Despensa Familiar está _____ la UTH Campus La Ceiba.
   e) El hotel Líbano está _____ la Tercera Calle.

Honduras

Actividades

4. Relaciona las fotos con las palabras.

1. Bailar
2. Yoga
3. Garífunas
4. Submarinismo
5. Loros
6. Monos
7. Manatíes

5. Busca información sobre Roatán en Internet y contesta V (verdadero) o F (falso).

	V	F
a) Es una isla.	☐	☐
b) Está en el océano Pacífico.	☐	☐
c) No está en Honduras.	☐	☐
d) La mayor parte de la población es de origen africano o inglés.	☐	☐
e) El idioma oficial es el inglés.	☐	☐
f) El idioma oficial es el español.	☐	☐
g) La mayor parte de la gente habla inglés.	☐	☐

ACTIVIDADES FINALES *para la* CLASE

¡Enhorabuena!
Ya has terminado el libro.

Ahora, a ver qué recuerdas.

Actividades finales para la clase

1. **¿Tienes buena memoria? Intenta contestar a estas preguntas. Para ello puedes leer de nuevo las presentaciones. ¿Cuántas puedes contestar?**

   1. ¿A quién le gustan los conciertos mariachi?
   2. ¿A quién le gusta una estudiante italiana que se llama Angela?
   3. ¿A quién le gusta jugar con Spock?
   4. ¿Quiénes se han acostumbrado a tomar mate?
   5. ¿Dónde está el barrio de La Candelaria?
   6. ¿Quién escribe sobre las llamas y las alpacas en su selfi?
   7. ¿En qué país se pueden comer tacos y enchiladas?
   8. ¿Para qué baile se usan zapatos con tacones de siete centímetros?
   9. ¿Qué tipo de música le gusta a Chantale?
   10. ¿Dónde está Punta Cana?
   11. ¿Cómo se llama y dónde está el salto de agua más grande del mundo?
   12. ¿Dónde puedes ver tortugas de cuello alto?
   13. ¿A quién le gusta cocinar, bailar, hacer yoga y submarinismo?
   14. ¿Qué ciudad recibe el nombre de la "Ciudad Blanca"?
   15. ¿Qué son las Torres del Paine y dónde están?

Actividades finales para la clase

16. ¿Quién tiene una hermana que se llama Clarisse?
17. ¿Dónde está el volcán Arenal?
18. ¿Qué es y dónde está Bocas del Toro?
19. ¿Qué es y dónde es típico el locro?
20. ¿A quién le gusta montar a caballo?
21. ¿A qué estudiante le gusta mucho la asignatura de Historia?
22. ¿En qué correo electrónico se habla de los coches antiguos y de los edificios coloniales?
23. ¿Quiénes trabajan como voluntarios enseñando inglés a niños en una escuela?
24. ¿A quién le gusta Manu Chao?
25. ¿Quién tiene una novia pelirroja?
26. ¿En qué país está la isla de Roatán?
27. ¿Cómo se llaman las estudiantes malasias?
28. ¿En qué país está de intercambio el chico austríaco?
29. ¿Qué es Buena Vista Social Club?
30. ¿Dónde está Pico Bolívar?

Actividades finales para la clase

2. Adivina adivinanza.

¡Vamos a hacer una cadena de adivinanzas! Describe brevemente el selfi que más te gusta sin decir el nombre del estudiante que aparece en él ni el país en el que está de intercambio. El primer compañero que adivina tu selfi debe pensar en otro selfi y describirlo.

3. ¡Ha llegado el momento del veredicto del jurado!

- Tenéis que elegir el mejor selfi de intercambio. ¿Quién se merece el primer premio? Organizad un debate y una votación para elegir al ganador.
- En grupos de tres, elegid a vuestro candidato.

– Pienso que...
– Creo que...
– El/la que más me gusta es... porque...

4. ¿Cómo se escribe un mensaje de presentación? ¡Atención a los saludos y despedidas!

Lee todos los mensajes que acompañan los selfis y rellena este cuadro con todos los saludos y despedidas que hay en ellos:

> ¡Ojo! Piensa en poner los signos de puntuación que aparecen en las frases de saludo y despedida, como por ejemplo, : ¡!

Saludos	Queridos amigos:
Despedidas	Un saludo,

Actividades finales para la clase

5. **Investiga.**

   ¿Sabes en cuántos países se habla español? Busca en Internet y escribe qué otros países, que no aparecen en este libro, tienen el español como lengua oficial. Marca los países en el mapa.

   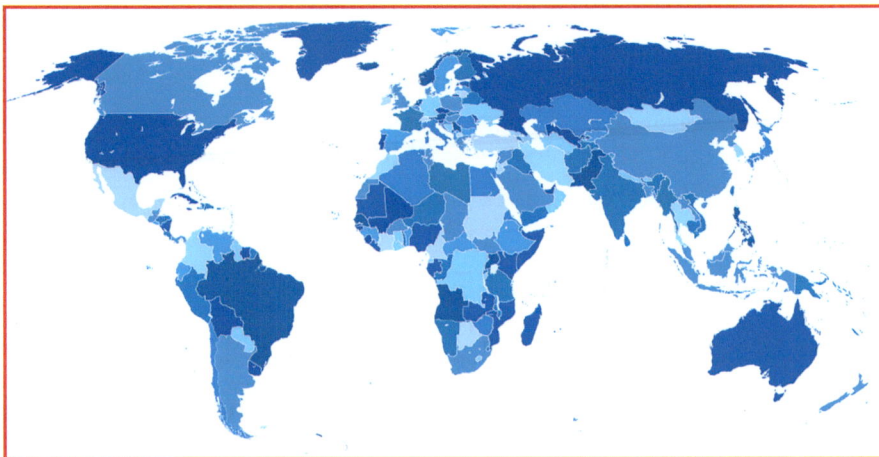

6. **Mi #mi_selfi3.0**

   Vas a hacer tu propio selfi.
   1 Elige el país a donde quieres ir. Escribe su nombre, dibuja su bandera y la forma del país.
   2. Dibújate o hazte un selfi.
   3. Elige tres cosas representativas de ese país.
   4. Escribe tu presentación.
   5. Di de dónde eres, dónde estás de intercambio y márcalo en el mapa.

Actividades finales para la clase

2. Mi selfi

3. Mis fotos y dibujos

A   B   C

4.

Actividades finales para la clase

5. Soy de _____ y estoy de intercambio en _____.

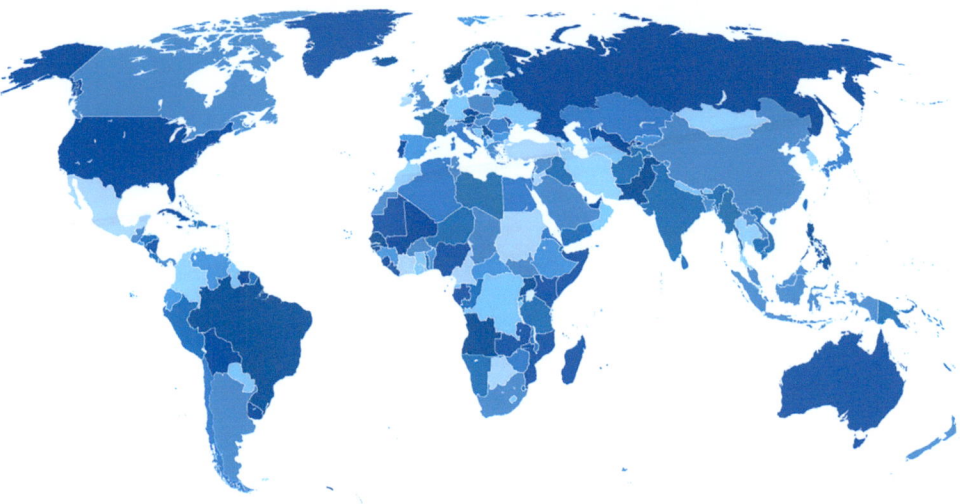

7. Concurso de clase.

El concurso

Entre todos, decidid cuál va a ser el premio del selfi más votado. Puede ser algo como ser profesor por un día. ☺

Para realizar el concurso, elegid una de estas dos opciones:

a) Colgar vuestros selfis, presentaciones y mapas en un blog de clase creado por el profesor.

b) Realizar un mural para la clase con vuestros selfis, descripciones, dibujos y mapas.

c) Votad el mejor selfi de clase. ¿Quién es el ganador?

Soluciones

Pág. 6 COSTA RICA

¿Cuál es el selfi de Chantale? B.

¿Qué tres fotos se corresponden con su descripción? B - D - F.

¿De dónde es Chantale? De Estados Unidos. - ¿Dónde está de intercambio? En Costa Rica.

1. a) De Estados Unidos - b) Tres - c) Los martes y los jueves.

2.

Q	E	Ñ	A	Y	W	W	P	U	J	D	M
M	A	T	E	M	A	T	I	C	A	S	D	A
L	T	I	N	G	L	E	S	Ñ	J	R	H	I
G	D	F	X	H	M	U	Q	Z	T	C	T	F
P	H	Z	I	W	M	U	Ñ	E	Ñ	H	Ñ	A
R	I	C	C	G	U	L	C	A	T	P	H	R
W	S	R	P	C	S	N	I	B	H	T	I	G
D	T	Y	K	U	I	R	E	Ñ	S	C	X	O
X	O	R	S	L	C	E	G	B	V	V	N	E
T	R	I	O	T	A	C	A	M	T	M	H	G
H	I	G	S	O	Y	M	E	O	S	M	I	Q
A	A	I	Z	P	L	A	S	T	I	C	A	Y
A	H	C	Y	S	W	H	Ñ	Ñ	Q	J	K	A

3. a) V - b) V - c) F - d) V.

4.

Lunes	Martes	Miércoles	Jueves	Viernes	Sábado	Domingo
Lengua Española	Lengua Española	Lengua Española	Lengua Española	Lengua Española	Libre	Libre
Literatura	Surf	Ciencias de la Naturaleza	Surf	Libre	Libre	Libre

5. a) mariposas, arañas - b) buceo, surf - c) Atlántico, Pacífico.

6. 1 E - 2 D - 3 C - 4 F - 5 G - 6 B - 7 A.

Pág. 10 REPÚBLICA DOMINICANA

¿Cuál es el selfi de Kamila? A.

¿Qué tres fotos se corresponden con su descripción? A - C - D.

¿De dónde es Kamila? De Cracovia (Polonia). - ¿Dónde está de intercambio? En República Dominicana.

1. a) Una hermana - b) Sí, son muy bonitas - c) El hámster de Kamila.

2. loros - jardín - lápices - rojo - verdes - acoíris.

3. Solenodonte: Es pequeño. Come plantas y otros animales.

4. a) 2 - b) 3 - c) 1.

Pág. 14 PERÚ

¿Cuál es el selfi de Patrick? C.

¿Qué fotos corresponden con su descripción? A - B - C.

¿De dónde es Patrick? De Irlanda. - ¿Dónde está de intercambio? En Perú.

1. a) la historia de los incas, ir a Machu Picchu. - b) un animal de Perú. - c) Dany Yaku, Amaru, Inti Alejandro y Anthony Pachacútec. No son nombres españoles, son nombres indígenas.

2. tengo - puedo - tiene - tienen - son - es - tiene - se llama - es - vive - viven / Vicuña peruana.

3. D.

4. a) V - b) F - c) V - d) V - e) V - f) V.

Pág. 18 ESPAÑA

¿Cuál es el selfi de Guus? A.

¿Qué tres fotos se corresponden con su descripción? A - D - E.

¿De dónde es Guus? De Holanda. - ¿Dónde está de intercambio? En España.

1. a) Español y gallego. - b) Es cantante. - c) Azules.

4. A - B - C - D - F.

5. a) V - b) V - c) F - d) F - e) V - f) V.

6. c) El camino de Santiago termina en Santiago de Compostela, Galicia.

d) El símbolo es la concha del peregrino.

Pág. 22 MÉXICO

¿Cuál es el selfi de Mei Ling? B.

¿Qué tres fotos se corresponden con su descripción? A - D - F.

¿De dónde es Mei Ling? De Pekín (China). - ¿Dónde está de intercambio? En México.

Soluciones

1. a) cinco horas. - b) en el centro de la Ciudad de México, cerca del Zócalo. - c) la comida mexicana y los mariachis.
2. a) ... estudia español. - b) ... va a comer tacos. - c) ... va a conciertos de música de mariachis y a clases de baile tradicional. - d) ... va a visitar monumentos.
4. a) son - b) es - c) van - d) es - e) hay.
5. 1 c - 2 a - 3 d - 4 e - 5 b.
6. 1 E - 2 C - 3 A - 4 B - 5 D.

Pág. 26 URUGUAY

¿Cuál es el selfi de François? A.

¿Qué tres fotos se corresponden con su descripción? A - B - F.

¿De dónde es François? De Francia. - ¿Dónde está de intercambio? En Uruguay.

1. a) Alfajores con leche. - b) hermana - c) Amanda.
2. Me llamo François. Mi prima se llama Elise y su madre, mi tía, Karen. Los padres de Karen se llaman Isabelle y Frank y son mis abuelos. Karen tiene un hermano, Daniel, que es mi padre. Daniel es el marido de Jeanne, mi madre. Mis padres tienen dos hijos, mi hermana Clarisse y yo. El marido de Clarisse se llama Alberto, es mi cuñado y es el padre de Amanda, mi sobrina.

3.

La persona más mayor de la familia de François es su tatarabuelo.

4. A François le gustan los alfajores.
5. Arroz con leche, dulce de leche, alfajores, budín de pan.

Pág. 30 COLOMBIA

¿Cuál es el selfi de John? C.

¿Qué tres fotos se corresponden con su descripción? B - C - D.

¿De dónde es John? De Australia. - ¿Dónde está de intercambio? En Colombia.

1. a) De Australia. - b) En Bogotá. - c) Azul, con dos ventanas, pequeña, pero bonita.
2. 1. BLANCO - 2. ROJO - 3. AMARILLO - 4. VERDE - 5. AZUL - 6. NEGRA
3. A) rojo - B) camisa - C) camiseta/blancas - D) gris - E) pantalón.
4. 1 B - 2 C - 3 A.

Pág. 34 ARGENTINA

¿Cuál es el selfi de Andrea? A.

¿Qué tres fotos corresponden con su descripción? A - D - F.

¿De dónde es Andrea? De Bonn, Alemania. - ¿Dónde está de intercambio? En Argentina.

1. a) El mate. - b) Es el lugar donde la gente se reúne para bailar tango. - c) En el barrio de San Telmo.
2. San Telmo es el barrio de la foto B. - La Boca es el barrio de la foto A. - Puerto Madero es el barrio de la foto C.
4. cama - mesilla - papeles - bufanda - bolsa - ordenador - libros.

Pág. 38 CHILE

¿Cuál es el selfi de Noor y Suhailah? A.

¿Qué tres fotos se corresponden con su descripción? A - B - F.

Soluciones

¿De dónde son Noor y Suhailah? De Malasia. - ¿Dónde están de intercambio? En Chile.

1. a) En invierno. - b) Patagonia y el desierto de Atacama. - c) Para hacer senderismo y ver pingüinos.
2. A) Patagonia y Torres del Paine - B) Santiago de Chile - C) Atacama.
3. a) calor - b) verano - c) frío - d) llueve.
4. 1 B - 2 A - 3 C - 4 D.
5. Azul: del 21 de junio al 21 de septiembre (invierno) - Verde: del 21 de septiembre al 21 de diciembre (primavera) - Amarillo: del 21 de diciembre al 21 de marzo (verano) - Rojo: del 21 de marzo al 21 de junio (otoño).
6. A - B.

Pág. 42 VENEZUELA

¿Cuál es el selfi de Chiara? B.

¿Qué tres fotos se corresponden con su descripción? C - D - F.

¿De dónde es Chiara? De Italia. - ¿Dónde está de intercambio? En Venezuela.

1. a) Un sombrero blanco. - b) Un héroe de Caracas conocido como El Libertador. - c) La cascada más alta del mundo.
2. 2) añade - 3) amasa - 5) calienta - 6) ponen/cocinan - 7) meten - 8) sirven.
3. Arepas: C) harina de maíz - D) queso - E) aceite - G) sal - J) agua.
   Panqueques: A) harina de trigo B) mantequilla - F) leche - H) azúcar - I) huevos.
4. Todos están en Venezuela.

Pág. 46 CUBA

¿Cuál es el selfi de James? B.

¿Qué tres fotos se corresponden con su descripción? A - E - F.

¿De dónde es James? De Canadá. - ¿Dónde está de intercambio? En Cuba.

1. a) De Quebec. - b) Todos los fines de semana. - c) Fotografiar coches antiguos y edificios coloniales y escuchar son cubano.
2. a) nunca - b) casi nunca - c) todos los fines de semana - d) siempre - e) casi siempre - f) a veces - g) todos los martes - h) raramente.
3. siempre > casi siempre > todos los fines de semana > todos los martes > a veces > raramente > casi nunca > nunca.
4. Sexo: hombre. - Ciudad actual: La Habana. - Actividades: estudiar español en La Habana. - Intereses: fotografía, música cubana, playa. - Música favorita: son cubano.
5. B.

Pág. 50 ECUADOR

¿Cuál es el selfi de Doortje? A.

¿Qué tres fotos se corresponden con su descripción? A - D - E.

¿De dónde son Doortje, Adri y Hendrika? De Holanda. - ¿Dónde están de intercambio? En Ecuador.

1. a) Adri - b) Las tortugas de cuello alto - c) Una hamaca.
2. Hendrika quiere ir a los dos sitios.
3. Para comprar/para visitar. Se usa *para* para expresar finalidad.
   Por tonterías. Se usa *por* para expresar la causa.
4. a) Tela blanca con figuritas azules y negras: cien dólares. - b) Tela verde con peces de colores: ochenta y cinco dólares. - c) Tela roja con figuras de color naranja, marrón, negro y blanco: setenta y cinco dólares. - d) Tela en tonos rojizos con formas geométricas: noventa dólares. - e) Tela en tonos marrones con figuras geométricas y máscaras: cincuenta y cinco dólares.
5. 1 A - 2 C - 3 B.

Soluciones

Pág. 54 BOLIVIA

¿Cuál es el selfi de Mike? B.

¿Qué tres fotos se corresponden con su descripción? A - B - F.

¿De dónde es Mike? De Londres, Inglaterra. - ¿Dónde está de intercambio? En Bolivia.

1. a) Porque todas las casas son blancas. - b) Estudian español y enseñan inglés. - c) Reguetón.

2. Bolivia está en el centro de Sudamérica, entre Brasil, Paraguay, Argentina, Chile y Perú. La capital es Sucre, ciudad que está al sur del país. Bolivia tiene diez millones de habitantes.

3. a) por ejemplo: Brasil - b) por ejemplo: Perú - c) por ejemplo: Colombia - d) por ejemplo: Argentina.

4. 1 A - 2 B - 3 C - 4 E – 5 D.

La flauta de pan y la tarka son instrumentos típicos de Bolivia.

5. B - C - F.

6. 1 D - 2 B - 3 C - 4 A.

Pág. 58 PANAMÁ

¿Cuál es el selfi de Hansen? C.

¿Qué tres fotos se corresponden con su descripción? A - B - F.

¿De dónde es Hansen? De Austria. - ¿Dónde está de intercambio? En Panamá.

1. a) Ingeniería - b) Jazz - c) Seis.

3. quiere - quiere - queremos - queréis - quieres - quieres - quiero.

4. quieres - quiere - queremos - queréis - quieren.

5. ¿Cómo quieres que te quiera si el que quiero que me quiera no me quiere como quiero que me quiera?

6. A) V - B) V - C) F.

Pág. 62 HONDURAS

¿Cuál es el selfi de Ahmed? C.

¿Qué tres fotos se corresponden con su descripción? B - C - E.

¿De dónde es Ahmed? De Egipto. - ¿Dónde está de intercambio? En Honduras.

1. a) Hacer yoga, cocinar, bailar y hacer submarinismo. - b) Una reserva de animales. - c) Descendientes de los africanos que viven en Honduras.

3. a) enfrente de - b) entre - c) a la izquierda de - d) al lado de - e) en.

4. 1 D - 2 C - 3 B - 4 E - 5 A - 6 F - 7 G.

5. a) V - b) F - c) F - d) V - e) F - f) V - g) V.

Pág. 67 ACTIVIDADES FINALES

1. A Mei Ling. - 2. A Guus. - 3. A Kamila. - 4. Andrea y Vivienne. - 5. En Colombia, en Bogotá. - 6. Patrick. - 7. En México. - 8. Para el tango. - 9. *Reggae*. Su cantante favorito es Bob Marley. - 10. En República Dominicana. - 11. El Salto Ángel y está en Venezuela. - 12. En Ecuador. - 13. A Ahmed. - 14. Sucre, en Bolivia. - 15. Montañas. Están en Chile. - 16. François. - 17. En Costa Rica. - 18. Son unas islas y están en Panamá. - 19. Es un plato con maíz, patata y carne, típico de Ecuador. - 20. A François. - 21. A Patrick. - 22. En el de James, en Cuba. - 23. Mike, Kate y Mary. - 24. A Guus. - 25. John. - 26. En Honduras. - 27. Noor y Suhailah. - 28. En Panamá. - 29. Un grupo de música cubano. - 30. En Venezuela.